湧動著一泓清泉

現代詩文評論

林 明 理 著

文史哲評論叢刊

文史哲出版社印行

國家圖書館出版品預行編目資料

湧動著一泓清泉：現代詩文評論 / 林明理
著.--初版--臺北市：文史哲，民 101.03
面： 公分. --（文史哲評論叢刊;1）
ISBN 978-986-314-024-5（平裝）

1.文學評論 2.文集

812.07   101005027

文史哲評論叢刊   1

湧動著一泓清泉
現代詩文評論

著　　　者：林　　　明　　　理
出 版 者：文 史 哲 出 版 社
http://www.lapen.com.tw
e-mail：lapen@ms74.hinet.net
登記證字號：行政院新聞局版臺業字五三三七號
發 行 人：彭　　　正　　　雄
發 行 所：文 史 哲 出 版 社
印 刷 者：文 史 哲 出 版 社
臺北市羅斯福路一段七十二巷四號
郵政劃撥帳號：一六一八〇一七五
電話 886-2-23511028 ・傳真 886-2-23965656

實價新臺幣四〇〇元

中華民國一百零一年（2012）三月初版

ISBN 978-986-314-024-5   08701

湧動著一泓清泉

—— 現代詩文評論

目　　次

4　湧動著一泓清泉

直抵生命存在的感事抒寫

── 淺釋楊允達的詩〈時間四題〉

一、楊允達博士〈Dr. Yang Yung-ta〉簡介

楊允達〈1933-〉，籍貫北京。法國巴黎大學文學博士。曾任中央通訊社記者、駐外特派員、外文部主任長達四十年，美國美聯社駐台北特派員。現爲世界詩人大會主席暨美國世界藝術文化學院院長。著有詩集六本、散文集六本、詩評理論二本，翻譯詩集三本。曾獲中國文藝協會頒贈『榮譽文藝獎章』等，韓國漢江文化協會，外蒙古作家協會，以及印度筆會，均曾分別在漢城、烏蘭巴托和清奈，獲頒優等文藝獎章，在國際詩壇上表現傑出；詩作已被翻譯成英、法、日等九種文字出版。他出席世界詩人大會 17 次，擔任大會秘書長 14 年，其熱心奉獻是值得肯定的。

二、恬淡中的靜謐

初讀楊允達的詩，給人一種清雋、恬淡之感。飽滿的情感中，涵蘊了內在的生命力，也體現出詩人不事浮誇的個性。他寫大自然，能注入自己喜悅的想像，充滿愛與熱情的氛圍；寫生活，是

從心靈裡自然流露出來的一種感悟、一種美，也是揭示某些人生哲理。詩作的語言清明易感，清新意切。印象深刻的是，〈時間四題〉這首詩，有詩人溫和蘊藉的智慧情感。寫的是時間，實際上也是啓示我們珍惜這有限的生命，令人思索：

〈之一〉

今天將要過去
過去了
過去了就是過去了
過去了的是再也不回來了
上帝也不能
喚回一個昨天給你

　　一開始，詩人把時間不重來，用引題法，寫得真誠洋溢。其主題亦是「把握時光」，從中透出了詩人深沉的思索。使人聯想到：這靜定的永恆，存於瞬息萬變的世上；這當中詩人把重點放在，時間「過去了」的重覆意象，充滿了辯證的張力。接著，詩人提醒我們，過去縱有陰霾，我們必須坦然面對。否則，分秒也許微不足道，但漫長的人生卻如此漸漸的遠去；當韶華不再，就只能在每一個歎息的瞬間懊悔了。

〈之二〉

跨過去
跨過這裡就回到了家
可是，跨過這裡
回不到過去

　　這種靜中蘊動的空間描寫，是非常有禪境的，所道出的是時間給人冷漠而蕭穆的感受。詩人的思想內涵是深刻的，對生活仍有積極的追求；在形式美方面則啓發了讀者的審視力。這裡寫的「跨過這裡就回到了家」，有如清綠初春的陽光使人感到溫暖，充滿了力的節奏。這簡潔的筆法和空間象徵相連結，沒有刻意堆砌的意象。正暗示著隨著時間的流逝，跨過去時間的鴻溝，詩人堅信，人的靈魂能找出一個與上帝的共處之道。但即時靈魂找到安寧的家，都無法避免過去那些寂寞的蒼涼。這表示詩人希望人們早日從桎梏中掙脫出來，勿任時間與生命由指間溜過。

〈之三〉

那是早就定好了的
時間、地點

　　這是詩人進行新的生命探索的標誌。語調清淡，意旨：死亡是生命的本然，如同出生般自然。這裡詩人提出一個重要的觀點，儘管他已年過七十六，他絕不會畏懼死亡，而要繼續飛翔。詩作是感人的，它彈奏出詩人的心聲。我們想像他一生提煉生活，晚年恬淡的心境就是一種禪道，其強調詩的生命意識，也是可感可觸的巧思，能觸碰到讀者深層的心理狀態。

〈之四〉

死亡
是一種享受
需要
獨自去品嘗

結語乾脆，有哲思。生命是奇妙的，因爲詩人知道它有盡頭，所以才想積極把握現有的，並以樂觀的胸襟看待一切無常。至此，詩人已完全進入到虛空幽寂的禪境，生命的趣味，就在詩句之間無遺的展現了。我相信沒有什麼壓力比面對死亡更沉重，更令人不可抗拒。詩人對時間的悟證有渾厚的感染力，是從心性上更寬闊的一種體驗，也提供我們對時間的看法有另類思考。

三、結　語

過年後，楊允達博士遠從法國寄來的詩作中，我尤其喜愛他去年發表的這首詩，詩的情緒是於隱密中透出關愛；勉人努力實現人生的理想，發揮「時間」的價值。無以復加的，它打破了傳統的語法，讓人有種新的感覺。

在忙碌的現代社會，詩人楊允達以詩會友，不停地與時間賽跑，追逐自己的理想，讓後繼的詩人感到一種精神上的激勵。我認爲，詩人一生是豐富的，他四十年新聞報導刊遍各大報，退休後仍孜孜不倦於推展詩運。他在自傳中寫道：「一個渺小的生物存活在這個地球／何其珍貴，值得慶幸／／我正繞著太陽轉第七十六圈／／俯首，我向萬物的主宰／／跪拜，虔誠感恩」。這正貫穿著詩人漂泊大半生的深刻體悟及人生觀念，我們也爲詩壇有這樣的前輩而高興。再讀〈時間四題〉，楊允達對人生光明的追求是有力的。它給人鼓舞，具有崇高美。我們看見詩人熱情地投注於世界詩運的同時，不能不爲其旺盛的寫作精神所感動。

　　—— 2010.3.2 作

　　—— 刊臺灣《創世紀》詩雜誌，

　　　　第 163 期，2010.06 夏季號

簡易中的靜謐

── 評傅天虹〈兩行詩十帖〉

詩人素描

　　傅天虹（1947-），祖籍安徽，生於南京。南京師院畢業，香港廣大學院文學碩士、美國世界文化藝術學院榮譽文學博士。於香港創辦《當代詩壇》雜誌已 23 年，現任主編，兼任《文學報》副總編輯，並擔任當代詩學研究中心主任，北師大珠海分校文學院教授。至今已成詩 4 千餘首，結集 20 餘部，近作著有《傅天虹詩存》、《傅天虹小詩八百首》、《四地沉吟》。另有理論集《詩學探幽》系列等十多冊，多次獲獎。大陸版的《中國文學通史》、香港版的《香港文學史》等多部辭書均有專節介紹，是中國著名詩人、學者、出版家和社會活動家，近些年來舉辦過兩次大型學術活動。

　　傅天虹的思想是比較複雜的，因自幼由外祖父母撫養、父母居住臺灣的「海外關係」等因素的牽連，早年有過對寫作的熱烈追求、彷徨與悲哀。文革期間，曾做過木匠，刻苦耐勞地養活自己；直到「四人幫」下臺，才結束痛苦的經歷，並考取了南京師範學院，辛苦地完成學業，成為一著名的詩人。而其早期的藝術

思想，深深地影響了他以後的美學主張。他對詩始終有著熱情與雄心，想要把詩學提升到與其他文學藝術類一般高的地位。於是，他出版無數印刷精美的文學刊物，數十年如一日；並把詩美加注於生命裏，這種勇氣可嘉的積極精神，倒是振奮了不少詩人創作的士氣。

美感現象所呈顯的社會憧憬

面對香港這一國際化大都市、紛紜複雜的社會人生，難能可貴的是，傅天虹是位正義感十足的詩人。詩人濃郁的浪漫情結在他的文字裏顯露無遺，而其穩健的步伐也讓讀者深信他會繼續創作，甚至到未來都能擁有一片自己的天地。同樣，他在思想層次上有著堅定與倔強、熱情與執著的性格。倘若他整個詩學思想，由於有無法突破去思考縈繞心頭的現實的假惡而停滯不前時，那麼，他就以寫詩嘗試去挖掘另一種使我們看清楚現狀的時候了。從過去作品中，我們可以看出其美學思想與新世紀的社會批判、文化批判關係密切。早期他的詩，常以憂憤、悲涼的心情，痛苦地寫下詩人靈魂的震顫，孕育出最切實的藝術感受。他用全心靈揮灑出最真摯的情感，而那種坦誠的直抒胸臆，總能牽動讀者的心。比如他的成名作《酸果》，獲南京《雨花》文學獎，透露出詩人的一種淡淡的哀愁：「童年的我／是一棵扭曲的大樹上／結出來的一枚酸果／人，不親近我／鳥，不親近我／風雨把我戲弄／霜凍把我折磨」這首詩可以讀出詩人童年成長的辛酸與苦楚，寫得鮮明生動，與具體可感的生命力融為一體，它喚起了無數讀者感情上強烈的共鳴，但卻不叫人感到悲哀與失望，反而給人一種生存鬥爭的勇氣。

　　爾後，傅天虹從中國大陸移往香港，再移澳門，最近遷移珠海，奔波於兩岸四地之間。他不停地播種著詩歌的種子，勤於教學、創作與出版工作，在新詩史上已留下了重要的位置；其詩歌感人的力量源自于詩人內在的激情，也確有其獨特的思想教育意義。他寫詩的手法是把細節去除，使之能以此而進入詩之領域中；本文想著重從短小的情境或物境詩的角度，探索一下他所創造詩美的體現。

　　傅天虹於臺灣《創世紀》詩雜誌曾發表了〈兩行詩十帖〉，這組短詩特別簡潔純淨，像是一幅幅充滿靈氣的小品，言語極具概括力和質感；是以精煉過的、當代人熟悉的視覺語言，描述現實人生的感受，而所轉化出來的是比現實更為深刻的意涵。比如組詩中的第一首〈大海黎明〉：「旭日像一滴血／在白宣紙上化開了」詩人利用大海及黎明的照映使得畫面的呈現顯得優美，賦予該詩新鮮的聯想。彷彿中，慢慢渲染出雲的流動，以及雲霧中的山水，並把情志熔鑄其中。詩人在此刻，終於把人生參悟透了，也有暗喻要創造晚年詩境的人生追求的光明面。

　　第二首〈問柳〉：「廟柳修行百年／為誰裝飾風景？」此詩有內涵的思辨性，廟前古柳枝條隨風搖擺，彷彿空氣中有一種水霧聚集的濕氣，在山林間流動，創造出動人的詩境。如果用兩句概括性的語言來闡述，可謂「幽默中品藝術真理，眉宇間透清遠心境」。詩中有詩人漂泊大半生的體悟，並暗喻自己以苦行者的真誠、對詩的摯愛與堅持不變。傅天虹是個努力不懈、自我評定的人，永不疲倦地為他熱愛的詩而活。他的詩能夠被認同，在於他落筆間自成一種自由放逸的風格，能在幽雅中再造新境。

　　〈海景〉選題雖未見新穎，卻有著歷史視野的思想啟蒙性質。詩人除了借物詠懷外，也間接體現出大自然富有情趣的一面：「波

浪暗暗生動，魚仍然是哲學家／抽象地泊在寧靜深處」記得德國心理學家、美學家李普斯〈Theoder Lipps〉曾說：「審美欣賞是一種客觀化的自我欣賞。」在這裏，詩人聚精會神的觀照中忘了自我，直接說出了自己的人生體會，也給人以啓迪。經過歲月的歷練，他個性中的堅毅、通達與放曠的大輪廓已成型，未曾改變。對過去留下輕重不同的種種痛苦記憶，已無悲懷的激情噴發；反而呈現出一種雅澹空靈的詩美，使人有置身聖地那種安祥寧靜、一切妄念滌除淨盡的感覺。

第四首〈宿命〉寫的是詩人對大自然的恬靜與幽美，以及為逝去的光陰的回憶而歎息：「總會被塗改顏色／落葉是秋的遺言」傅天虹一生把自己專注在創作裏，如果外在的疏離是成為詩人的宿命，他認為心靈的疏離才是貧乏的同義詞。不同于其他詩人的是，他的感情真誠而質樸，它既表現在詩的題材內容上，也表現在藝術語言上，他是中國現代詩人的鮮明典範。如果要探究其詩學思想，不可捨棄有關其對詩學思想的研究成果；傅天虹在美學層次上也有著精要的把握，此詩有一個不斷昇華的過程，也包含著詩人對歷史變遷的感喟。如果將韓愈寫的《秋懷詩》中：「卷卷落地葉，隨風走前軒。鳴聲若有意，顛倒相追奔。空堂黃昏暮，我坐默不言。……」轉用來比喻傅天虹詩的觀點，想必也是恰當的。

第五首〈婚紗〉，運筆不急不徐，給人一種平和的感覺，而這種安靜、平凡，就是傅天虹要追求的境界：「如果白雲是天空的婚紗／又是誰披上去的呢？」這首詩很容易看出傅天虹的個性，瀟灑浪漫，不拘小節。畫面的雲很飄渺，在四處飛動，好像連山也要飛起來似的，具備雲氣流動的蜿蜒之美。詩人要求將自己的精神與自然的生命相融合、鼓蕩。白雲也意味淡泊名利，品格高超，

將之比喻為婚紗的形象逼真，境界遼闊。而俏皮地問句，也能體現出一種諧趣美。

〈黃昏〉詩人用黃昏來詮釋自己對於夢境和現實、空間和時間的感受：「天空落幕了一隻鷹／還在不停地追問夕陽」此詩視覺、聽覺交融在一起，更有立體之效。看黃昏歸路的鷹，特別感觸到李白的詩《送竇明府薄華還西京》：「遠煙空翠時明滅，白鷗歷亂長飛雪，紅泥亭子赤欄幹，碧流環轉青錦湍。」黃昏有很優美的節奏，給了傅天虹許多靈感，有寫實和想像的結合。似乎暗喻著：斜暉脈脈時盡速欣賞，縱然愛情離去，也無須頻頻回首、感傷；只有繼續面對現實、一步步的邁向理想，人生那有什麼贏取不了的勝仗？

第七首〈垂釣翁〉，詩中畫面很遼闊，可是在這樣曠野的溪邊裏，小樹蒼茫，有細小的人物出現，一老翁正在垂釣，詩人很細緻的描繪出他的孤獨：「溪邊無語獨釣的那人／是曠野的一隻眼睛」此詩飄逸空靈，又顯得雄渾蒼涼的宏大境界，也是詩人自身人格的寫照。傅天虹從年幼到年老，自啓蒙自成熟，他完全謹守中國儒家的精神本位；其詩如其人，眉宇間的堅強意志，有中國詩人典型風範。晚年的他詩風轉為隱約含蓄，讀詩寫詩、教學、忙碌於出版工作等，已成了他生活裏的主要內容。這首詩笛裏飄出的聲音是孤寂的，彷彿聽到曠野中的寧靜蕭穆，昭示了新詩強大的藝術生命力，從這個事實，可以看到其詩學達到的高度。

〈破曉〉寫來都很自然隨意，但意象出奇，展示出詩人思維的多向。讓人聯想到世上許多不合理或無奈的現象，但詩人絕不會沉淪與絕望，反而更甘心與繆思為伴：「拾起一夜破碎的月色／拼圖的時候，沒有風」詩作是感人的，因為它以心靈的獨白為線索，揭示了詩人情感的投射和外化；而破曉時分視覺的快感，也帶來

肉眼的力量。有黑夜就有黎明，如同月亮有美麗，就有殘缺，詩人把現實矛盾衝撞中體驗的痛苦與失落之情，都進一步昇華並詩化了，暖人心房。

第九首〈書房〉，詩中的意象能跨越語言現實的限制，能表現出濃厚詩的趣味：「房內一個海／書是一條條活潑的魚」詩人在自然中注入了一種夢幻的景觀，把書比喻爲深海的魚，那啃書中怡然自得的陶醉表情，滑稽而且充滿了動感。因爲筆觸自由活潑，特別有兒童詩的朴拙趣味；而詩人悠游其中，可看出他較深的藝術學養。傅天虹苦難的童年和穿梭游離的青年時光，經歷過多少風風雨雨，但他仍一心喜愛讀詩，在書房專心創作的模樣，透過畫面，又閃出了動人的光彩。

最後這首〈皺紋〉，散發出詩人完整尊嚴的風貌：「額上縱橫的深溝／唯歲月之力方可造就」此詩意涵是，不管是歷經滄桑或遍嘗人間的冷暖，皺紋就是歲月的代言人；它把過去的點點滴滴，化爲一個個圓融完整的句點。傅天虹設境自述，表抒自己的情志，也暗喻想爲自己留下光榮的記憶。他追求的目標並不在於成爲一個時代偉大的詩人，而是希望在詩中注入豐富的感性，傳達自己的理念，進而把詩引導到美與和諧的真境。

結語：血熱情深的塑像

在新世紀華文詩歌中，正經歷著一場新的蛻變。那就是在中西文化交流的格局下，逐漸建立和發展一種嶄新的現代新詩。多年來傅天虹的身影經常在內地與台港澳間穿梭與漫遊，他爲北京師範大學珠海分校國際華文文學發展研究所組編了一系列圖書，並於近年主辦過兩次「當代詩學論壇」，爲詩歌藝術的推展無怨無

悔。他的崛起與出現，對華文詩歌的推展與實務上提供了許多寶貴的藝術經驗。就此意義而言，對當代詩壇所作的貢獻，實不可抹煞。從這幾個側面，就知道詩人在詩歌語言上的一番苦心了。詩人艾青曾說：「愈是具體的，愈是形象的；愈是抽象的，愈是概括的。」依筆者之淺見，綜觀〈兩行詩十帖〉詩作的主要特點是詩人體驗生活中光明和歡愉的一面，他下筆縱橫，胸羅逸氣，詩風瀟灑、自然，能發揮意境。此熱情活力的詩人，正可以看到他對繆斯的摯愛而得到應有的肯定。

── 2010.5.2 作

── 刊臺灣高雄市《新文壇》季刊，
　　第 26 期，2012.01

簡政珍詩歌藝術之管見

本文透過對近代臺灣現代詩壇學者詩人簡政珍風格進行細讀，來闡釋其在現代主義領域發展下，強調情感微妙的象徵，間接的暗喻；他反對抒情主義—即貿貿然的滿紙熱情，但並非反抒情。其詩風吸取了中國古典美學的養分，卻是絕對的現代。

其人其詩

簡政珍，臺灣省臺北縣人，1950 年生。25 歲時，國立臺灣大學外交研究所碩士；32 歲時，美國奧斯汀德州大學英美比較文學博士。曾任中興大學外文系主任、《創世紀詩刊》主編、現任亞洲大學文理學院院長。曾獲中國文藝學會新詩創作獎，創世紀詩刊詩獎，美國的大學博士論文獎，多次國科會研究成果獎，詩集《季節過後》《紙上風雲》《歷史的騷味》《浮生紀事》《紙上風雲》《爆竹翻臉》《意象風景》《簡政珍短詩選》《失樂園》等及文論集、詩論集共十餘冊。其中，《爆竹翻臉》及所策畫的「尚書詩典」獲行政院新聞局的金鼎獎等。《歷史的騷味》被《明道文藝》選為歷年來必讀的十四本好詩集之一；而《浮生紀事》則是繼《歷史的騷味》後的力作。

在簡政珍的詩作中有一些與諸多詩家的創作風貌大不相同的作品，雖然也寫下詩論或文論一類的專門著作，但是他有著自己

的美學思想。詩味濃郁、聯想奇特，語言也凝煉、新穎，哲理的深刻能直探生命本真的寶貴組成部份，達到了相當的高度。這意象思維，所呈現的則是一幅幅生活的智慧；恬淡又充滿生機的圖景，不僅存在於詩情的細膩，也體現在哲學的思辨上。他著重於藝術思維和詩學內蘊的特徵，繼而展現出生命的律動和真、善、美相統一的辯證關係，藉以傳遞詩人內心深處的一種感覺。

俄國哲學家兼文學評論家別林斯基〈1811-1848〉曾說過一句名言：「要做一個詩人，需要的不是表露衷腸的瑣碎的願望，不是閑散的想像的幻境，不是刻板的感情，不是無病呻吟的愁傷，他需要的是對於現實問題強烈的興趣。」顯然地，簡政珍也是個「詩藝超凡」的詩人。他那種對於人民的美好理想和願望的曲折反映，常賦予他豐富的人情味，也閃爍著人民性的光彩，而這些描寫都是前所未有的。比如他的兩首長詩〈歷史的騷味〉和〈浮生紀事〉且被大陸詩評家熊國華譽為「席捲歷史的新史詩」。據此看來，在他身上，我們似乎都看到了那種不附炎趨勢的高尚品格，詩的思想跨度更大，就連對詩論的評析，也是細致而準確的。

詩美之樹　情與象的交融

英國詩人柯爾律治〈1772-1834〉說：「想像是寫詩才能和鑒賞詩才能這二者的根源。」如同在湖濱的秋聲和萬葉的晚煙之間，一行白鷺飛起般，簡政珍的詩在接受西方美學思想影響的同時，也一直保存著東方文化精神。詩境純淨又滲透著強烈的現代意識，和某些新的價值觀，這就形成了另一種超然於現實功利的帶有虛幻色調的詩歌傳統。而那種具有禪道精神和空靈美的詩作，往往能昇華為悟解生命的智慧，與大自然融為一致的空靈境界；

可以說，簡政珍用自己的心血培育了一株枝葉茂密的詩美之樹。

　　比如詩人 52 歲時寫下這首〈四點鐘的約會〉：「四點鐘的時候／妳將撥弄這一條街道的風沙／妳將加速交通號誌的閃爍／妳將抖落／我們心中累積的微塵／／四點鐘的時候／妳將帶著遮蔽時間的面具／讓我看不到快速移動的日影／讓我逐漸老花的視野裡／看到妳春光乍現的／幾根白髮」這首詩多麼富有情趣，呈現一種雅靜、生活恬淡的境界。詩人很重視意境美的創造，以情注入其中，昭示出某種哲理性的思考，正是一種詩美的體現。把到老才補償年輕時失落的對愛情的感悟，也折射出某些有意味的生活真諦：要珍惜所愛，才無悔於人生。

　　簡政珍的新詩給人突出的印象就是，以真情描繪他的所見所思，並抒發內心的真摯情懷。如這首〈問〉：「能用泡沫／解釋肥皂的存在嗎？／能用汽球／說明我們還能呼吸嗎？／能用酸雨／推測歷史的口味嗎？」此詩短短六句，詩句凝煉卻概括，獨出心裁的奇想，是詩壇上少有的傑作。這是則精巧的愛情詩，呈現出詩人心目中愛情的幻化及形態，耐人捉摸；也是在寫人生，內裡也含有哲理的思考。詩人運用某些通感手法，把時空放大，是對環境的生動烘托，情趣盎然。但是詩人並未去申明為什麼痛苦？只是描繪出失去愛心境的真切體現，所以他的詩中常體現一種諧趣美。

　　而最令我稱賞的是這首〈歸〉，更體現出作者旅遊見聞的藝術匠心：「我在駝峰／看到天地的行腳／一步步緩緩逼來／帶著風塵，和我／迎面撞擊／迸散的異味／有沙的血腥，水的鏗鏘／積雪陳年的見證，只是／四大皆空的湖心，印照／網羅情緒的過客／星星從來沒有這麼亮過／皮膚應付驟變的溫度／是印顯血統／我裹起衣襟／以白日在沙上留下的餘溫／坐看歷史的冰寒」這

裡意象的多彩和跳躍性可以明顯看出，風塵僕僕的歸路上，諾大
的沙漠中的想望，正象徵詩人看盡歷史變遷的無奈；坐在駝峰，
看風沙滾滾，是無可奈何到極點；而水的鏗鏘，正是通感的巧妙
運用，是從聽覺轉化為視覺，星空下的湖心也增添了景物的韻味
兒。作者寫出了祖國山川的許多場景也許是心靈中瞬間的感受，
但都可看出作者的真情所在，也增添了某種歷史的厚重感。

　　再次是以俏皮、幽默的語言以嘲弄某些事物，收到較強的藝
術效果。比如從生活中獲得靈感的〈醋罐子〉：「妳打開罐子／為
這沈靜的午後／加一點作料／／這時雷轟隆響起／這一道菜又
鹹、又辣、又酸／分不清是腸胃不適／還是心絞痛／／未給我處
方／妳就閃電消失」這是以反向藝術思維，寫女友因吃醋而分手。
當然，這類的滑稽幽默的成分更多一些，但藝術上則給人以新鮮
感。簡政珍的諷刺詩，善於剖示人生百態，可說是一種藝術享受。
其著眼點仍是昭示生命本質的純真或相遇的可貴。比如這首〈輪
迴〉：「把一切刻入唱片的溝紋／使妳每次聽這首曲子／都必須聽
我製造回聲，知道／琴音詠歎的是／我們圈圈的輪迴」詩裡描繪
了發生在現實世界裡的一幕幕已成追憶，也響徹著愛情的主旋
律。僅從這一點看，那分離的失落，等待的焦灼，其中也是苦味
多，因而耐人咀嚼。

　　簡政珍的愛情詩沒有大的狂喜與很深的悲慟，但是那淡淡的
愁思，清純的劇情與哲思的交融，仍能激起讀者情感的共鳴。比
如這首〈送別〉：「送走巴士的黑煙後／我就在地下室躲避變化的
天色／妳將在色彩繽紛的雲天／似睡似醒，分不清／這季節性的
穿梭／是歸或是別的旅程／／回來後／一對杯子還在茶几上對峙
／洗碗筷的水流／冰冷地從指尖滑過／盤碟上油膩的形象很難洗
盡／跨過千年的初春，冬天的身段猶在／放開熱水竟然燙傷了手

指／要找紅花油／才想到它已經陪著妳／沒入晦色的天際／／突然，冰箱聲音大作／原來，妳走後／裡面的食物已空」這首詩就像是一個大男孩，以忐忑不安的心情向人訴說。對愛情有時同樂音一樣，一個音符輕起，宛若整個森林在旋轉；在沒有疆界之處，時間是唯一會呼吸的海洋。然而，愛情也是絕對的孤獨，是一個夜夜聽到腳步，都會屏息以待的荒唐。這首詩正是作者詩意人生的寫照，是詩人生活經歷豐厚後對愛情有了更多的思索。由於他對愛情詩的鍾情，晚期作品抒情氣氛更為濃郁，從而增加詩的力度。

結語：高度審美要求的追尋者

雖然與作者素昧平生，但他在詩藝詩美上的表現一直是我所關注的。簡政珍從學生時代，便與詩結下了不解之緣。詩思巧新，感情篤實而真摯；尤以哲理小詩，短小雋永見長；愛情詩則富有藝術想像力的空靈之作。在以上詩作中，篇與篇之間又有內在聯繫；除了對生活的景物、事的熱情謳歌之外，他的詩也表現了深深的憂患之思。比如〈街角〉：「小巷是昨日雀鳥啄食／剩下的紙張／風輕輕拂拭油膩的路面／能捲動的／是一些昨日的頭條新聞／一條深黑的煞車痕／旁邊留下一隻破碎的／方向燈，塑膠碎片／寫意地延伸成各種象徵／垃圾桶吐瀉出／滿地的本土文化／一隻瘦削的黑貓／嗅聞一陣子後離開／一隻毛髮幾將掉盡的狗／還在報紙的政客臉孔上／翻尋／酸腐的／食物」作者想呈現給培育他長大的臺灣大地和人民的真誠的心聲。他對韻律之追求、意象的雄闊與遼遠，都進行了不懈的探索。而此詩已從意象的營造走向政治意識的張揚和在貌似調侃中的憂患。在詩的整體上或部分

上是象徵的，在此，簡政珍所做的是臺灣現代新詩的審美要求與思辯性審美的詩創作，也可以看出作者對臺灣政治及現實生活的種種問題的關注，給世人以警策。

我認為，簡政珍的詩蘊藉生命勃發之氣，有某種禪道意念，一生追求與大自然融合的最高精神境界。他對中國文化的崇敬是真誠的，在抒情中又蘊聚著深深的思索。在回顧史實典故揭示人生哲理方面也頗有佳作，偶爾也能借古諷今，用以貶斥現實社會的醜惡，令人稱快。相信未來他的詩歌將攀向更高的詩藝殿堂，為華文詩的發展放出新的異彩！

—— 2010.8.2 作

—— 刊臺灣《全國新書資訊月刊》，

第 153 期，2011.09，頁 43-46。

綻放高原的詩花

── 淺釋碧果的詩三首

其人其詩

碧果〈1932-〉河北省永清縣人。著有詩集《秋，看這個人》、《碧果自選集》、《碧果人生》、《一個心跳的午後》、《愛的語碼》、《碧果中英短詩選》、《說戲》、《一隻變與不變的金絲雀》、《肉身意識》、《詩是屬於夏娃的》等。曾任《創世紀詩雜誌》社長等職。

如同一株野百合從空谷的霧中飛揚時，仍受著土壤中各種有機物的滋潤般，碧果新詩的創作中力圖透過對夢與潛意識的探索來把握自我心靈的攀緣。碧果的詩有某種超然於現實功利的帶有極強虛幻色調的基因，有人稱之爲超現實主義精神。在他筆下對自然中美的追求與對塵世之外的感悟，多以直覺經驗和藝術感覺激發靈感；雖沒有激情的吶喊和抒懷，仍能著力於意象中對物慾的過濾，而昇華爲一種罕見的東方智慧。

格高而思逸

八月輕颱莫蘭蒂的豪雨，卻澆不熄我收到此書的熱情。細讀

後，發現碧果的詩多能展現貌似平淡卻別具神韻的一組組意象，又巧妙地把自我融入這意象的圖畫中。他寫現實，又超越現實。如〈詩是屬於夏娃的〉，本是對詩的孕育的嚮往之情，詩人卻說：

> 我追趕一個追我的字
> 日夜在奔跑
> 看　一樹紅花的蛻變
> 直到我追上那個追我的
>
> 字。
> 驟然　我之四壁
> 迸出，一聲驚天慄地
> 的
>
> 嬰啼。

　　法國博物學家、作家布封（1707～1788）說過：「風格即是人。」這裡碧果創造了他人難以代替的獨特的意象世界。不僅以情造境，整體象徵、隱喻、通感等手法外，亦揭示一種創作的終極的自由，著力展示自己可以把握的強烈的情感。因而讀來非艱澀玄奧，耐人尋味。

　　有人說，沒有愛就沒有真正的詩人。這本詩集可貴之處正在於他真實裸露了詩人的心聲。不論是寫對現實世界的哲思，還是寫對生活時的心靈顫動，都能折射出冷暖社會和人生價值的變型，具有深沉、多彩的藝術風格。如〈移動的邏輯〉，也是生動的詩例：

時間在死亡的體內窺伺
追尋沒有面孔的現實世界
故事就發生在你我的身邊
想像為活人今晨的一切

歌聲在遠遠的遠方
折返的是一聲刀鑿騰飛的初啼
在一個秋日的傍晚
落籍四方黑色的土壤
兀自，完成一種
邏輯的移動
張目
迎風而來的　是
一株
四肢繁茂之　松。

　　碧果向來將「意象」視爲創作詩的最高追求，藉以窺見自我
最深心靈的反映。此詩思想維識底層所要表達的意境，空靈而自
然！這絕不是機械的自然的描摹，而是詩人心隨筆運，所寫之境
氣韻生動，能表現出意與境的統一，如坐雲霓，漸層升騰，其深度、
高度無不隨著詩的開拓而不斷開闊，帶著幾分想像並用抽象的寫法
設法讓意境豐滿，體現在其藝術生命中，萬物生生不息的感喟。

　　詩集中，常見碧果本身生活形態的逸。愛花、養鳥、散步、
餵魚…忘懷萬慮。他也精於插畫，詩品與畫品無不講究「超以象
外」之道，頗受推崇。最後推介一首用筆高妙之作〈岸上的故事〉：
「爲了與自己約會／自己在自己的體內，向外看／應該是一望無

垠的／空間之海。／因爲／故事在岸上／早已生出了意義。／／理由是／有人／無法擺脫窗的記憶／而經過細火慢燉之後／他／以美／奔向不再折疊的／當下。」

碧果長期在鮮明多彩的藝術形象中受到超現實主義的思想薰染。晚年時，詩風轉而恬淡隱退的心境，也有種禪道意蘊。這首詩，它的深邃是表達詩人情緒中的深境，含有某種「人生啓示」的任務。其次，它的成功之處還在於以情敘事，從而達到擺脫苦痛後的再生。這說明，碧果對生命的珍惜並不是橫眉冷對一切，而是通過不同的側面描繪出各種故事的不同特點；詩人也嚮往由禪家的「佛慧」所促成的心靈清境境界。

碧果：高原的一朵奇葩

碧果的感情是真摯的、自然的。他在自序裡說：「詩，是感悟藝術與美的一種魔性距離。詩人，是一棟統體鑿窗設門的房子。」在他超過半世紀的生命裡，大部份時光都用在了新詩的創作及插畫中，以上推薦三詩的意象韻味兒不言而喻，這正是他的詩作的寶貴價值。如果說，辛鬱的意象世界是草原、太陽和土地系列的話，那麼，碧果的意象世界是花月、蟲雨和海洋。此刻，窗外風雨正大…冥冥中，我似乎看到碧果詩歌已攀上更高的詩藝殿堂。他真是在中國傳統文化潤澤高原長出的一朵藝術之花！如他所願，遙祝碧果在八十之年，寫出更多優美的詩作，我熱切地期待著。

—— 2010.12.7 作

—— 刊臺灣《創世紀》詩雜誌，
第 167 期，2011.06 夏季號

一棵冰雪壓不垮的白樺樹

── 淺釋北島的詩

摘要：北島的詩歌記錄了沉思中的直覺感知、想像，及其幽深的思辨過程，它的藝術魅力源於其感性與理性的完整契合、一種超越生命的追求以及內心深層的憂鬱。

關鍵詞：北島；詩歌，意象

一、朦朧派詩人 ── 北島

北島〈1949-〉，原名趙振開，祖籍浙江湖州，生於北京，畢業於北京四中，是當代中國極具影響力的詩人作家，朦朧詩代表人物之一。20 歲時當建築工人，後作過翻譯，並在《新觀察》雜誌作過短期編輯。21 歲即開始創作詩歌和小說，29 歲時與芒克等人創辦《今天》雜誌。其間，是中國文藝界備受矚目的年輕詩人。1989 年移居國外，曾一度旅居瑞典等七個國家。後來任教於加利福尼亞大學戴維斯分校、柏克萊分校、史丹福大學，52 歲時曾回國為父奔喪。58 歲獲聘香港中文大學客座教授，同年，正式移居香港，與親人團聚，結束幾近二十年的漂泊生活。

北島是個感情深篤、精神頗為敏感的詩人，他不趨炎附勢、機敏而睿智，彷彿一棵筆直又孤獨的白樺樹。他的詩有某種英雄

的氣慨與夢幻的氛圍，音韻中近似冰雪的舞步。中年時，他的想像力更有一種充滿詩意的吶喊……一種朦朧而浩瀚無邊的想像，具有觸動讀者潛在意識的感動力。因此，透過其意象的構圖，也能夠彰顯出北島生命的意義與對外在世界的關懷。

二、北島詩的藝術特色

　　詩，對於北島來說，正體現了劉勰曾提出的「隨物以宛轉」到「與心而徘徊」的的一種深入的開掘。而這種意識活動，並不是將零碎的表像拼湊疏薄的世界；相反地，他通過「格式塔質」〈Gestalt qualities〉的思維模式與意境的審美想像空間的超越性，在現代視覺傳遞設計的詩藝鑑賞中，常能達到傳形又傳神的效果。

　　北島的詩，常能呈現豐富的音色和音質，它象徵著自己靈魂的解放與救贖，也是作者內心非常深切、不可磨滅的印記，而且絕對真誠。早期詩作明顯可見受到文革後的影響，讓他斷然而勇敢拒絕了浪漫主義〈Romanticism〉注重以強烈的情感作為美學經驗的思想，但也接受了對於歷史和自然題材的強烈訴諸的理念，賦予意象盤旋的空間。代表作中，尤以 1976 年天安門「四五運動」期間的《回答》，最為讀者所熟悉：

> 卑鄙是卑鄙者的通行證，
> 高尚是高尚者的墓誌銘，
> 看吧，在那鍍金的天空中，
> 飄滿了死者彎曲的倒影。
> 冰川紀過去了，
> 為什麼到處都是冰凌？

好望角發現了，
為什麼死海裏千帆相競？
我來到這個世界上，
只帶著紙、繩索和身影，
為了在審判前，
宣讀那些被判決的聲音。
告訴你吧，世界
我 ── 不 ── 相 ── 信！
縱使你腳下有一千名挑戰者，
那就把我算作第一千零一名。
我不相信天是藍的，
我不相信雷的回聲，
我不相信夢是假的，
我不相信死無報應。
如果海洋註定要決堤，
就讓所有的苦水都注入我心中，
如果陸地註定要上升，
就讓人類重新選擇生存的峰頂。
新的轉機和閃閃星斗，
正在綴滿沒有遮攔的天空。
那是五千年的象形文字，
那是未來人們凝視的眼睛。

　　其實，這首詩是有其歷史背景的複雜性，顯露出一種激憤的抗議聲調；而不像是一首悲傷的輓歌，嚴格來說，顯得詩味淡薄點而過於莊嚴。詩的背景是 1976 年 1 月 8 日，周恩來總理逝世後，

「四人幫」一夥的壓制群眾追思活動，導致萬人自發地集合到天安門廣場抗議，它為後來粉碎江青反革命集團奠定了群眾基礎。在筆法中，詩句已呈現出俯瞰似的全景圖象，向讀者解釋自己的創作理念，並要求我們付出強烈的視覺關注，而非在詮釋詩的含蓄之美。

離開祖國後，北島的異域作品向著一種獨特而風格高雅簡樸的方向發展。他的詩開始獲得國際詩壇的矚目，內容多半是人生的寫照，巧妙的筆法無抽象表現主義（Abstract Expression）那種反叛的、無秩序的、虛無以及逃避現實的特性。不僅訴諸讀者以視覺的吸引力，同時也在表現詩人的情感。比如這首《日子》，就是首深刻雋永、韻味無窮的小詩：

　　　用抽屜鎖住自己的秘密
　　　在喜愛的書上留下批語
　　　信投進郵箱　默默地站一會兒
　　　風中打量著行人　毫無顧忌
　　　留意著霓虹燈閃爍的櫥窗
　　　電話間裡投進一枚硬幣
　　　向橋下釣魚的老頭要支香煙
　　　河上的輪船拉響了空曠的汽笛
　　　在劇場門口幽暗的穿衣鏡前
　　　透過煙霧凝視著自己
　　　當窗簾隔絕了星海的喧囂
　　　燈下翻開褪色的照片和字跡

《日子》在表現形式上，有生動的影像卻帶有憂鬱的浪漫主

義色彩。作者特地將心靈的圖像逐步推展出來，原是細訴對意中人的悵然若失，卻可看出其中思念的意義勝於類似電影蒙太奇畫面的處理。我們不僅看到多層次的畫面轉接輝映，而且也看到異國窗前映照出來的街景與孤單。

北島在創作時所期待的，是將作品擺在讀者眼前時，能引發作者對社會人生問題的思考，他的詩裡通常不加矯飾，有清澄的詩泉；也具有不平凡的天賦，能把握直觀景物的剎那間，讓詩的潛在次序進入到深層的領地，去追逐一種終極的、本原的意識聚焦。如這首早期之作《走吧》，極富象徵意味：

走吧，
落葉吹進深谷，
歌聲卻沒有歸宿。

走吧，
冰上的月光，
已從河面上溢出。

走吧，
眼睛望著同一片天空，
心敲出暮色的鼓。

走吧，
我們沒有失去記憶，
我們去尋找生命的湖。

走吧，
路啊路，
飄滿了紅罌粟。

這首詩寫在上世紀七〇年代後期，詩所反映的是北島與好友分離前心靈折射的痛苦。這些詩句或許是詩人的片刻憂傷。然而，從創作角度看，詩句深摯動人，誰也不能否認這首詩純粹的詩意，是多麼獨具一格的創意表現。總的說，就是心境清明洞徹，方有澹泊的詩思。

另一首《明天，不》，可見到北島遊心於天地的詩美的一面：

這不是告別
因為我們並沒有相見
盡管影子和影子
曾在路上疊在一起
像一個孤零零的逃犯

明天，不
明天不在夜的那邊
誰期待，誰就是罪人
而夜裡發生的故事
就讓它在夜裡結束吧

這首詩起源於平靜中回憶起來的情感，讓人會聯想到，北島在異域裡對祖國的懷思，不但在清醒時念念不忘，即或在夜裡也難於排遣。詩句充滿張力的審視和無意識的統一間，寄意於言外，

就好像一切歷史悲劇全都碎裂於大浪。在它平靜地接受與緩緩的逝去前，誰又能預料未來所揭示的理想？彷彿中，我看見詩人站在環繞岩頂的天空下，對每個自然的元素充滿著生命之外的召喚，眼底深處，潛伏的詩思在暗中閃爍著幽幽的微光。

再如《睡吧，山谷》，這首詩的內涵更加含蓄蘊藉，在其詩性時空中，等待著讀者去欣賞和解讀：

> 睡吧，山谷
> 快用藍色的雲霧蒙住天空
> 矇住野百合蒼白的眼睛
>
> 睡吧，山谷
> 快用雨的腳步去追逐風
> 追逐布穀鳥不安的啼鳴

此詩的思理異彩紛呈，是時間的足印催發了他的詩性，讓讀者反覆地吟遊體味，享受閱讀如沐浴清暉般的愉悅。想像中，那藍霧沒一點雜色，把野百合蒸出了香氣，使山谷薄染了歡愉；我不禁嗅著，帶著一与微笑，在冰涼的夜風裡，意識之流也開始伸展，我願化為一隻布穀鳥，遺忘在雨中的春之舞。

在人生的奮鬥場上，北島無疑是個有著堅強意志力的行者。但是，在國外流亡歲月中，無論命運對他如何殘酷，他最後選擇以詩呼喚心靈的觸動，詩甚至就是生命最重要的特質，體驗詩也是健康與幸福的開始。所以當他晚年返回香港任教時，心境是平和寧靜的。迄今仍常出現於重要性詩歌研討會上，也致力於國際詩歌開拓的工作。他的詩歌強調意象、音樂美，以細膩的筆觸渲

染出朦朧的氣氛。晚年吟誦時，語調深沉浪漫，更偏愛大量和聲色彩的詩作。比如這首《紅帆船》，流露出縹緲的藍調意向，通過敏銳的聽覺的辨別，向我們揭示出音韻的美感，呼喚出人性的富貴：

> 到處都是殘垣斷壁
> 路，怎麼從腳下延伸
> 滑進瞳孔的一盞盞路燈
> 滾出來，並不是星星
> 我不想安慰你
> 在顫抖的楓葉上
> 寫滿關於春天的謊言
> 來自熱帶的太陽鳥
> 並沒有落在我們的樹上
> 而背後的森林之火
> 不過是塵土飛揚的黃昏

　　這首詩感染力十足，讀起來節奏分明、起伏有致。音域畫面寬闊，詩歌傳遞出一種滄桑感、時空感、悲涼感，並且在風格形式上具有很高的詩藝傳承價值。詩人晚年更養成自由而高潔的情操，用友善的心靈去看待一切事物。他吟誦詩歌、積極地通過詩歌傳播其藝術理想。西方近代的哲學家斯賓諾莎（Baruch de Spinoza）有句名言是：「自由人最少想到死，他的智慧不是關於死的默念，而是對於生的沉思。」在這裡，我們也可以瞭解到詩人在漂流生涯中獨守情操的悲憫精神。北島在異域時以詩抒發了守望的哀傷之情及自己對祖國的綿綿深情。

三、北島詩的時代價值

　　北島的詩歌創作開始於十年文革後期，因處於身不由己的時代，加以時間因素上文革的荒誕現實，影響了詩人早期詩歌有一種叛逆的詩藝風範。或許有些評論家認爲其深層的思辨力，對於人性的扭曲和異化有抱持著信賴又猶疑的矛盾的心情。基於此，我以爲絕大部份的人對北島的人格道義及其創作的詩歌和散文是讚譽有加的。北島一心一意想通過作品建立一個自己的世界，這是一個真誠而獨特的世界，正直的世界，正義和人性的世界。在這個世界中，北島也希望自己變成一種開拓詩藝美的典範或者是推展行動的標竿。晚年時，他更以渾厚的北京腔，在詩歌吟誦會上闡揚詩藝的真諦與理想。這位浪跡天涯的漂泊吟唱者不是爲藝術而藝術，而是以情注入其中。他也以概括性的詩句昭示出某種哲理的思考，這就增加了詩藝的力度及深度。本文嘗試觀照北島的詩風及其時代價值，也可以說，新世紀起，北島以沉著凝心與專注，更爲詩藝的開拓工作而努力。他有冷峻而高瘦的外貌，沉思如同空谷中寧靜的綠淵潭，吟誦時語速如潺潺清溪舒緩而出。他也是全球卓著的詩人作家，曾獲許多國際大獎並被選爲美國藝術文學院終身榮譽院士。

　　北島早期成名的詩著重對事物的表像投注關心，其中有些詩思即是從現代主義的探索中重新粹取的。他擅用單純的語言表達深邃的情感，散發出完整尊嚴的風貌；爲了呈現前衛性的藝術語言，主張機巧的處理象徵性或歷史的聯想，用以昇華現實的創傷。我認爲，透過他的詩能觀察到自然與許多新生事物的力量，他對詩歌追敘探索的直覺與高度思辨力，有很大的自由度；對悖論的

矛盾性也有極大的包容空間，這就造成了北島詩富於「尋求心靈的自由與實現社會和精神的解放」的時代價值。

　　── 2010.10.4 作

　　── 刊登山東省《青島大學師範學院學報》，

　　　　第 28 卷第 2 期，2011.06，頁 122-124

簡論非馬的散文創作

── 讀《不為死貓寫悼歌》有感

摘要：旅美詩人非馬博士在讀書時即開始發表作品，他的詩文題材多樣、蘊涵豐富、諧趣盎然，內容多為抒發個人悲憫情懷、旅遊點滴、對社會民生的反映、對生態環保的關注和對寫詩與簡樸生活的記敘。非馬工作之餘，致力於寫詩、譯詩、散文、繪畫雕刻的創作，終於成為國際知名的詩人與藝術家。本文以《不為死貓寫悼歌》為路標，循著時光隧道，探尋非馬獨特的夾詩散文創作的精神之旅。

關鍵詞：散文；詩歌；藝術；寫實性；現代性

一、非馬：自然渾樸的詩人

非馬〈註 1〉的一生，充滿著神奇、朝氣，純真、樸實和希望。他是縱橫半世紀新詩創作的先鋒，也是科學家兼藝術家。最近由秀威出版的散文集《不為死貓寫悼歌》，涵蓋著他畢生對生活的哲思和自身精神深處的叩問，也間接描繪出二十世紀末期的歷史文化語境下時代的、社會的、與其卓越詩藝的共同印記。

關於非馬的創作力，到了晚年仍是文思泉湧。他在〈不知老之已至〉這樣敘述：「說實話，不是我不服老，而是我一直不知道

也不認爲自己老。」這可能跟他二十多年如一日的有恆鍛鍊身體，加上安定平靜的生活、恬淡樂觀的心情有關。非馬自阿岡國家研究所退休後，將寫作及繪畫雕刻作爲自己生命的皈依和寄托，期待能與自然進一步進行精神和情感的交流。

　　然而，在這些詩藝的創作中，隱藏在他溫婉的個性下是對生命的簡單理解及生活美學。面對自我的超越與救贖的使命感，他開始在追求自然的夢裡尋求提昇靈魂的方法。於是，出版一本優秀的散文集成爲他的夢想與嶄新的創作泉源。他在《不爲死貓寫悼歌》一書中，讓散文裡藏著詩的靈魂，並穿插一些自己的畫作。這種詩藝共融的夢幻基調，讓此書的情感底色更明亮，是當今散文界前所未有的。作者以純淨活潑的的筆觸，寫下許多對自然的歌咏、求學歷程的甘苦、社會觀察的營造等題材，沒有半點矯揉，赤誠地抒繪出自己的人生。他一面積極樂觀地道出自己對人生的理解，一面記述自己的詩路歷程，全書充滿了厚實感和思想性。

二、散文中見風骨

　　《不爲死貓寫悼歌》書中以讀者熟悉的視覺語言，表達個人主觀經驗上的內涵意義。他曾自白：「有詩的日子，充實而美滿，陽光都分外明亮，使我覺得這一天沒白活。通常一首好詩能爲我們喚回生命中快樂的時光，或一個記憶中的美景。它告訴我們，這世界仍充滿了有趣及令人興奮的東西。它使我們覺得能活著真好。」這是說，詩就是非馬生命的存在形態，雖然藝術是由非馬所創造出來，但一旦完成，它本身即具有自足的生命。因此，非馬的散文所彰顯出來的，也不管它是寫實的、意趣的、緬懷的，我們不能以文學的單一性眼光來看待文本的對象。因爲，在藝術

的思考中，作品從來不只是純粹概念的，而是具體且由詩藝伴生的靈感得到的。

　　比如寫於 1994 年的〈永恆的泥土〉，便是他的真情流露：

　　從十三歲離開廣東鄉下，先到台灣，後到美國，這幾十年當中，很少有機會接觸到泥土，但泥土似乎早已滲入了我的血液。即使身處鋼筋水泥高樓大廈的都市，仍有許多東西能引起我對泥土的記憶。我隨時可聞到泥土芳香的氣息。

　　此篇生動地描寫非馬的父母對子女無私的奉獻與犧牲，深深地影響了他的一生。但他同樣是一個富有使命感和抒情的作家，他對台灣早期農村生活的刻劃，描述得入木三分，夾附的詩也感人肺腑。另一篇寫於 1998 年的〈學鳥叫的人〉，顯示了人與自然的密切關係，有深厚的韻味：

　　…從停車場到辦公大樓，他一路吹著口哨。輕快、流利，有如一隻飲足了露水的小鳥。我緊跟在他後面，靜靜地分享著他的愉悅，沒出聲同他打招呼。…那段時間，我正為妻的病奔忙，多少有點心力交瘁，各種小毛病也乘虛而入。雖然還沒到髮蒼蒼視茫茫的地步，卻真的有點齒搖搖了。是這聲口哨把我叫醒。是它告訴我，振作起來呀！秋天是忙碌的季節，飽滿多汁的果實，沒有空暇呼痛叫苦。一個禮拜後，我滿心感激地寫下了這首題為〈入秋以後〉的詩：

　　入秋以後
　　蟲咬鳥啄的
　　小小病害
　　在所難免

但他不可能呻吟
每個裂開的傷口
都頃刻間溢滿了
蜜汁

　　這是非馬自己對真實人生的最佳告白，作者用詩活潑了他的散文，語言真誠而自然。其實，此書的許多作品都能帶給讀者舒緩心情及淨化心靈的作用。

　　非馬在〈不為死貓寫悼歌〉一文中曾提到「而我們如何能期望，一個沽名釣譽甚至趨炎附勢想分得一點政治利益的人，能替大眾發言，為時代做見證，寫下震撼人心的偉大作品？充其量，他只能或只配替死貓寫寫悼歌。」他的散文以寫實性、社會性見長，對社會歪風的諷刺，常一針見血。比如 2001 年寫的〈外賓〉：

　　在中國，作為外賓似乎理所當然地享有特權。而這種特權並非外賓們自己要求或爭取得來的。從好的方面看，它是中國人一向好客的表現。但它更可能是一種根深蒂固、不可救藥的媚外行為。

　　諸如此類的寫作手法，常讓讀者眼睛應接不暇，最能激發及滿足讀者的想像力，非馬儼然成為人民心聲的詮釋者。此外，比如〈看電視過年〉，也抒發了海外遊子的赤子鄉懷：

　　在海外，觀看國內傳過來的春節聯歡節目，近年來似乎也已成了許多人過年的儀式。在電視的鞭炮與賀年聲中，飄泊海外的遊子，彷彿也置身故鄉，分享著家人過年的歡樂。

　　在這裡，非馬捨棄了迂迴、重疊的手法，呈現出一種平鋪直述的清純。他的散文沒有凝重莊嚴的神秘氛圍，也沒有敏感纖細的浪漫思維；反倒是有一種「一目了然」的簡單趣味，卻能激起

讀者感情共鳴及閱讀情緒上的愉悅。在〈有詩為證〉文中，他說：
「如果有人問我，我生平的「本行」是什麼，我一定會毫不猶豫
地說：『詩！』但我自己心裡明白，科技只是我賴以謀生的工具，
詩才是我夢寐以求全力以赴的生活內涵。或者用時髦的說法，科
技是冷冰冰的硬體，詩才是溫暖並活潑我生命的軟體。」這大概
是非馬把詩伸展到散文領域的動機與動力。

三、非馬：藝術光環普耀文壇

　　我們常說，一個成功的詩人，少不了天時、地利、人和中的
任何一個條件。我認為，定居於芝加哥的詩人非馬，能傲視華文
文壇的原因在於：

　　一、是從創作的數量和質量看，他迄今已出版了 20 餘冊書。
他的詩文廣受讀者的喜愛與評者的肯定。

　　二、是從文體創新看，非馬的散文，展現了現代風貌，讓讀
者不得不佩服其構思的奇妙和想像力的豐富。

　　三、是散文結合詩畫於文的表現方面作出了示範。他既是一
位優秀的科學家，同時也是個傑出的詩畫家。在散文的用字、意
蘊以及題材選擇的安排上，都與傳統的抒情文本有所區別。

　　令人印象深刻的是，書中有篇 2007 年寫的〈雪花與煤灰齊飛
的日子〉，呈現出簡單、感性誠實的生活記趣：

　　不久前同兩個兒子談起當年在密爾瓦基城所過的雪花與煤灰
齊飛的日子，他們都笑我又在那裡編造憶苦思甜的故事。我說我
這可是在憶甘思甜。在那些年輕且充滿對未來憧憬的歲月裡，許
多本來是苦的東西，現在咀嚼起來，竟都帶點甘味，如青澀的橄
欖。

　　本質上，非馬的藝術追求是一種圓融的生命境界。堅毅的精神及刻苦的生活回憶，常在他的筆下浮現，顯得分外親切動人。他的純情恰可彌補現代都市人的失落感。對人生、藝術或現實的社會，都存有一種深情、一種關注的悲憫。《不為死貓寫悼歌》讀起來既不像是對於夢幻光影的捕捉，也不像是在聆聽一首浪漫的純粹音樂；反倒像是一種鄉思的吐露與生活心情的自我抒發，是歡笑與汗水交織過程的記述，老少咸宜，百讀不厭。最值得推崇的是，他始終胸懷一種怡然自在的生命觀照，其思想之淵博、新詩創作之超越，無疑是使此書邁向成功的最大原因。最後引用書中一段名言，作為推介此書以及衷心的祝福：

　　英國作家福特〈Ford Maddox Ford, 1873-1939〉說：「偉大詩歌是它無需注釋且毫不費勁地用意象攪動你的感情；你因而成為一個較好的人；你軟化了，心腸更加柔和，對同類的困苦及需要也更慷慨同情。

註 1：非馬〈1936-〉，本名馬為義，生於台中市，1961 年到美國留學，獲威斯康辛大學核工博士，阿岡國家研究所退休後，致力於詩藝創作。曾獲吳濁流文學獎等殊榮。

　　　　　　　　　── 2010.11.12 作
　　　　　　　　　── 刊美國《亞特蘭大新聞》，
　　　　　　　　　　　2011.01.14 版

淺釋隱地《風雲舞山》詩五首

其人其詩

隱地，本名柯青華，浙江永嘉人。1937 年生於上海，十歲時來臺，政工幹校新聞系畢業，是爾雅出版社發行人。著有詩集《法式裸睡》、《一天裡的戲碼》、《生命曠野》、《詩歌鋪》及小說、散文等多種，獲中國文藝協會文藝獎章等殊榮。爾雅出版社成立 36 年來，隱地在詩藝文學的推展與書籍品質的提昇有著深遠的帶動力量。他曾說：「唯有擺脫集團化和機制化，出版事業才能反璞歸真。」由此，隱地展現了身為出版家的堅持性與鮮活性。他個性率真、認真負責；寫詩豪放而不拘泥，出版物頗受到好評及各方的青睞。值得注意的是，《風雲舞山》是隱地的第五本詩集，密切地反映現實人生的各種真貌，並充分表現隱地迄今仍然奮鬥不息的精神寫照。隱地擅於從美學的沉思和抽象的真理轉向社會觀察，字裡行間充滿栩栩如生的景像，從而賦予表現社會內涵、完成創作的使命。

感性詼諧的幽默

一個作家的風格養成，常是與其先天性格與後天素養有著絕

對的關連。隱地早年從事小說創作，其後兼做編輯出版及撰寫專欄工作，散文更爲多元。在某種意義上，作者似乎將人生各階段的關心延伸再深化。值得玩味的是，隱地在56歲才開始寫詩，詩裡溶入更多對社會生存環境的諷刺與寫實性，偶而也會因影射的話題敏感而令讀者爆發出忘情的呵呵乾笑。隱地把生活感情輸入《風雲舞山》中，而不少的人物、故事、風景也在巧喻的安排下，不經意地流露出台灣味的生活剪影；這種感性詼諧的幽默是其詩品的特質。

　　比如〈偷眨眼〉，暗喻隱地用愛去觀察臺灣出版業由榮轉衰過程的變化，爲畫面賦予了時間、空間交錯形成的深度：

　　書　箭似的射到
　　我的書桌
　　書　似蔓延的植物
　　恐怖生長
　　佔領桌面之後　繼續
　　攻打桌角四周和牆的
　　每個角落
　　終於掌控整個房間

　　我不得已縮小自己
　　在書堆中
　　我的頭縮小如
　　一雙眼睛
　　而最後　繼續縮小的一雙眼睛
　　只剩一道微光

> 在黑暗的書堆中
> 偷偷眨眼

　　此詩展示於暢快的速度感，更將詩人內在情緒不經修飾直接地表達出來；由於隱地接觸書籍頻繁，在書佔滿房間下，一則表現出出版歲月的痕跡感情，一則讓日益被忽視的出版不景氣，讓讀者產生更多的感觀體悟，予人一種同情而富情趣的視覺效果。〈塵世飛翔〉字裡行間充滿著作者對大自然的沉思，同時也存有深刻的道德意識：

> 床上的旅人
> 橫著
> 一個橫著的
> 床上旅人
> 在群星與眾神之間
> 正展開他思想上的飛翔
>
> 夜晚是夢的天堂
> 自己不能橫著
> 白日要和聖者告別
> 塵世的一日三餐
> 讓人間成為戰場

　　隱地忠於描寫的寫實技巧，企圖將心思推入其他關懷的多樣可能，試圖呈現其內造世界的一種情緒感知。懷著沉甸的心情看待塵世的各種姿態，隨著那種心情的逐漸加強，情感的力量凌越

了審美的判斷意志，留下「說不盡」的一線空白由讀者去聯想。〈棉被裡的魚〉作者用坦白的外表，包藏著對人體美感的一種藝術情境的想像：

> 脫掉
> 睡不著的睡衣
>
> 裸體在棉被裡
> 自由得像魚　微笑著
> 游進了夢鄉

此詩大方率意的筆調，隱地正試圖從更藝術自律的角度來發展其獨創詩語和企圖深化情愛表達力的自由與快樂。〈快樂的夏天〉意境有賴於意象的營造，詩人以真性情把夏天的「心靈的圖象」變得有趣味性及寓意性：

> 夏天是個頑皮小孩
> 把我們身上的衣服一件件脫下
> 藏進冬之旅行箱
>
> 脫掉衣服的我們
> 舞向森林　奔往海洋
> 輕得像一隻飛鳥
>
> 太陽把碧海藍天染得金光閃閃
> 連 SARS 瘟神也逃之天天

　　此詩的靈感源自 SARS 病毒的蔓延，隱地是小說家、也是觀察者、感受者。如缺乏感性的體驗，很難有確切的瞭解。但作者把夏天深入到感情的期望與心靈的深邃的層次，一氣呵成，如同音樂中的一首即興曲。接著這首〈飄落〉，生動地描繪出悲傷者對失去親人的最真誠情感面貌：

> 院子裡坐著一把椅子
> 椅子上坐著一片落葉
>
> 一棵隨風飄動的樹
> 俯首悼念自身飄落的
> 一個家人

　　作者透過落葉的表現，讓生命的本質昇華。畫面中孤單的身影，正細訴生命中失去親人後無以償還的悲情。最後推薦的〈山說〉，稱得上是詩的極致，是作者意欲探討在山水自然下對生活的體悟：

> 溪水在石塊邊停下來
> 邀請山去旅行
>
> 山說　雲動鳥動人動
> 總要有些什麼不動
> 才會讓旋轉飛舞遊動的你們
> 找得到家

　　此詩是隱地在潛意識裡把自己和自然景觀結合在一起，成為它的一部份…。因為世俗的浮華不定，充斥於人們心靈的陰沉；而山的穩重將自然昇華於我們的敬仰中。如何讓這種人與自然的關係巧妙地融合，便是隱地博深思想的精神所在。

隱地：雅士的理念

　　隱地一生不斷去思考、創作，所以其詩材變化較多。他的情感生活在於透過創作的想像、回憶、思考和感受。對於一個作家來說，意象那突發的特性加在詩生命之上的時候，從來都不是輕鬆簡易的。隱地是位優秀的作家，也喜歡電影與美食；但他寫詩的態度不只是描繪，而是把它納入人生感悟的一種元素。《風雲舞山》並非一個詩人告訴讀者如何如何，而是以一個雅士之身份，希望藉由閱讀貫注喜悅於讀者心靈。整體上內容豐富但簡潔，其一生的成就更是對臺灣詩歌藝術界的奉獻，很難得。

　　　　　── 2010.12.17 作

　　　　　── 臺灣《全國新書資訊月刊》2011.05，
　　　　　　　149 期，頁 36-40

淺析鄭烱明《三重奏》詩三首

作者小傳

鄭烱明〈1948-〉，生於高雄市，籍貫台南縣，曾任大同醫院醫師，現爲文學台灣基金會董事長。在《笠》詩人中，是相當優秀且廣爲人知的一位。他的詩在創作上，捨棄了重裝飾性的表現，大膽的筆觸，強烈的人道主義情懷，以及對推展台灣文學的專注與熱情，在詩壇中非常少見。著有詩集《歸途》、《悲劇的想像》、《蕃薯之歌》、《最後的戀歌》、《鄭烱明詩選》等著作；曾獲吳濁流新詩獎等殊榮。

詩風澄澈　極富生命感

鄭烱明的詩，畫面自然、洋溢著哲人般的智慧；能凸顯自己的自主性，也就是「做本土意識的詩人」，一種主體主觀感受的懷舊情緒與歷史感，使作者參與重構台灣文學的年代。過去臺灣人民及土地的悲愴，迄今似乎已經形成一種距離，作者卻有使命感去嘗試重拼那些記憶碎片；進而昇華爲美感的新意。《三重奏》縱觀作者二十年來創作的精髓，作品感人，更深奠了作者對新詩創作的認知與執著，邀讀者花點心思細嚼。比如作者 40 歲時寫的〈給

雲〉：

> 不要告訴我你沒有家
> 不要告訴我你聞不到泥土的芳香
> 不要告訴我你喜歡流浪
> 不要告訴我你那善變的表情
> 代表何種意義
>
> 我，樹葉上的一顆小小露珠
> 正等待陽光把我蒸發
> 毫不留情地蒸發
> 沒有消失就沒有存在的意義
> 我們都是太陽的孩子
> 我們都在追逐一個不死的夢想

　　綺麗的夢，人人都可編織；但千萬別困在夢幻之境，不懂得醒來。作者的見識比別人明澈弘遠，此詩暗喻：醒，是非常重要的；是要去發現人生的真理，千萬別隨波逐流。詩人瞭解到世界之大、宇宙之廣；而期許有了自己的夢想及志向。

　　另一首經典之作是 1999 年寫下〈崩裂 ── 為九二一大地震而作〉：

> 大地的崩裂
> 從脆弱的台灣的心開始
>
> 一張張驚惶、破碎的臉

　　來不及發出一聲哀叫

　　遙遠的山谷
　　卻傳來地靈的狂嘯與怒吼

　　有人站在哀痛的土地上
　　搜尋逝者被腐蝕的記憶

　　請為他們合掌
　　並獻上一朵思念的黃菊花

　　921 那一夜，它使台灣人深刻地體會到原來生命與塵埃之間竟只是一隙之隔！此詩描繪出對受難者的親人濃濃的悲劇意識，加上來自作者那份真摯的同情，以及不時流露出的同胞間的高貴情操，結尾寧謐肅穆，使人有置身其間，期將一切憂傷滌除淨盡的感覺。最後推介作者於 2006 年寫的〈玉山〉：

　　當我精疲力竭地／爬上您唯一的胸脯時／我的心如燃燒的火球／／令人暈眩的峰頂／刺骨的寒風颼颼地吹著／我把頭轉向東方／／感恩的眼淚／迎著第一道晨曦／滴落在母親的乳頭上

　　在詩人看來，玉山峰頂的精神意義，不僅可透過抽象的「母親的乳頭」來表現，也可運用蘊含感恩的方式去描述：他看重的是玉山是台灣國土的最高峰，故而重視精神層面上的價值。當奮力攻上峰頂，擺在詩人眼前的，是黎明的第一道曙光，是一幅巨大、嚴肅、威武不屈的畫像。於是，詩人落淚了。懷著對國土感恩的心，過去靈魂的種種痛苦沉渣、清晰與模糊、和諧與混亂……均在純淨的空氣中，都消除了。猶如疲憊的遊子，終於回到慈母

的懷抱，賦予一種舒坦的感覺。全詩有極高的美學特性和力量，甚至比攝影作品更爲動人逼真。此外，詩人以更真實的方式呈現地母的美，進而也更能即時匯聚胸中澎湃的力量。

小結：追求澄明社會的人道主義者

鄭烱明個性溫儒、親切，對生命採直觀方式、對自然以敬畏的心情，一生追求正義與真理。我認爲，一首好詩，應含有藝術思想，能深植於時代情境中。《三重奏》詩裡背後的玄思，或可說是作者由歲月痕跡的感傷、悲嘆、愛撫，所指涉的範圍很廣，如政治、環保、人權、親情的別離或人物的追緬……，但整體詩藝的統合力，仍以人權和自由是基本權利爲主導的重心。作者早期詩作注重弱勢團體的憤怒與吶喊，常以詩隱喻政治的和歷史的衝突與壓抑，找出還原歷史的真實面貌爲主題訴求。晚年筆下的人物、風景，所表現的無非意境、感覺及純粹的詩歌之美，也更具寬容和體諒的精神。目前作者致力於台灣文學基金會的運作、並熱衷於將詩歌譜曲於合唱團的表演；他仍繼續以佈道者的真誠、摯愛與堅持，用「心」爲他深愛的台灣而奉獻。

—— 2010.12.25 作
—— 刊臺灣《笠》詩刊，
第 282 期，2011.4.15

通過現代詩藝融合看葉光寒的美學思想

摘要：論詩書畫中思想之博深、技巧之卓越，葉光寒無疑是中國當代詩藝家成就者之一。

關鍵字：詩人，美學思想、藝術、甲骨文

葉光寒的審美表現

人稱著名詩藝家葉光寒〈1976-〉不僅是位鍾情於大自然的詩書畫家，還是位熱愛斯地斯民的學者。他的本名范任華，現居長沙，湖南師範大學、北京師範大學科培藝術學院客座教授。作品曾多次參加國展及中外名家邀請展，氣魄雄偉、突顯民族色彩。被文藝界譽為「第一鬼才」；其抽象畫風不受拘束，極涵神韻。他曾數度深入窮鄉僻壤、尋思大地之美及藝術哲思，以累積蛻變的能量，如火浴的青龍；集中西之長，能開創一種饒富詩畫共生的風格。在詩中所透射出來的許多意念與情感，使其作品具有莊嚴及無限延伸的思想性。

筆者以為，葉光寒詩藝的意象形成繫於行氣、意念及強烈的美感直覺；他儘可能地把大地的自然的原素呈現出來，彩筆的妙處全在方圓剛柔並濟、胸懷丘壑，下筆縱橫。他這種線條質樸簡約的創作靈感是源自於中國古典美學的蘊藉，而這種質感配合單純厚實的造型，往往使作品充滿天然盎趣與活躍的生命力。畫風

氣勢貫通，運筆書寫上有一種合於法度的自由，尤以字體類似甲骨文特徵，可從中體會到一種動人的情愫，富於建築感。

詩意繪畫之美與音樂的洗禮

　　如果說，葉光寒的藝術有明顯的書法形態美學影響，那麼從他早年師承著名教育家、美術家陳西川先生開始的啓蒙時期的藝術，到 26 歲畢業於湖南科技大學〈原湘潭師範學院〉，則明顯具有「中體西用」模式的痕跡。它在重要性國際藝術邀請展上獲得了很高的聲譽且獨樹一幟，值得研究。誠然，一件偉大的作品，其藝術的根本規律是不會變的。葉光寒有詩人憂鬱及浪漫的眼神、善思考，重視宇宙探索的活動家。比如他創作一系列的〈荷花檔案・菩提心〉，借畫荷，影射現實與虛幻之間，人物形象有濃郁的民族性、生動逼真，也提示光明的憧憬。而 2001 年發表一系列的〈大地・歲月・四季〉風景畫中所表現的抽象、禪思和高超的技巧，使葉光寒進入到一個更高的文化層次，能具體反映大地親切的風貌。

　　儘管葉光寒在繪畫上不斷探索，且成果豐碩；但是他在詩的創作更有出色的建樹。比如，這首〈馬車與馬〉，它表現了心靈無所歸宿的豐富內容，含義非常深刻：

　　　心靈潺潺地響流
　　　將滄桑的，疲憊的，枯槁的心
　　　碾向遠方
　　　馬車與馬形同陌路
　　　馬與馬車藕斷絲連

> 歷史是這樣
> 現實也沒有兩樣

　　葉光寒經過多年與貧苦的奮鬥，曾隱遁岳麓山下堅持爲藝術的創作自由；但也爲親人或幫助社會而賣掉心愛的畫作，他的愛心，也標誌著思維的成熟。他尊重歷史，然而，現實中的無情，促使他在疲憊中思考和堅定自己的信念，作出自己的抉擇。

　　葉光寒也是熱情感性的詩人，他也嚮往自由地在大地與田野裡奔跑，盡情地解脫生命的枷鎖；此外，他還是個才華洋溢的音樂作曲家，近作音韻感強烈，風格較過去多樣，這也許和他的修養境界轉化爲藝術表現相關。比如這首〈蝶飛〉，他已能把握到精神自由解放的關鍵，在於人的具體的生命的心性中：

> 抓緊你的手
> 我掉了進去
> 你說幽靈不會死的
> 魔道也不會放棄
> 真理也說謊
> 把豪客的墳葬在高高的山崗
> 我流乾了最後一滴血
> 骨頭告訴我很寂寞
> 是那一堆稻草纏住了他的腳
> 印證你的手膜拜了鬼的溫柔
> 是禱告為誰瘦成一輪殘月？
> 你把明明我的歌明明寫成了斷章

　　要探究葉光寒的美學思想，不可捨棄有關其對文學思想的看法，他非常強調，讓一切事物自己成長，或者想表現心靈中那種神祕的神聖力量。藝術意志原是潛在的內心要求，並完全獨立於創作方式中；也就是說，審美體驗是自我意志的活動。而此詩是氣韻的自然的效果，是葉光寒在現代詩藝中提昇了藝術美學中「淨化」的概念了。

　　每首詩都有一個故事，近兩年來，葉光寒除了教授外，仍繼續對社會投以關懷。其實，在這本《葉光寒詩書畫精品集》出版於2010年11月前，他正面臨可怕的腦部開刀之痛，但，樂土既在他的心中，所以才得以寫下〈最後的道別是回顧死後的生的血〉，如此自我註腳。同時，也意外地獲得更多詩友的喝采：

> 23日從我的頭顱流出了罪惡之血
> 他洗禮在黃昏的湘西南的雪花很純很白
> 向死亡的婚姻示威道別如此美
> 復活的魂飄在靈肉裏交織　夢嵐一般特寫
>
> 那些含苞的花兒赤裸地怒在雪的肩上
> 第一粒信仰的種，寂寞的夜漫過你的海
> 為何，為何你永遠不解海那邊後花園的劫？
>
> 既然死神已轉身告別夜的夜
> 你抬頭看那生動的子彈在飛
> 莫莫默默流淚的鐵回首腐蝕的孳
> 星流浪在世界末日閃爍月　感染古老的菌
> 我唯美的情　已繫上歷史神聖的米黃的結

> 魔鬼將遠走高飛
> 他最後的道別是回顧死後的生的血
> 　　　　　—— 2010，12，25 夜長沙

此詩從各自不同的角度找到了屬於葉光寒的形式語言，他以獨特的方式切下當下在身體和心靈上曾遭到極深的痛苦心境，闡釋面對死亡的新涵意，尋到一條通向銜接生與死如何超脫的智慧的可能性，也是對傳統詩藝語言的一項突破，旨在引發讀者對生命本體的敬畏之心。

葉光寒：詩書畫史上的獨特地位已可預期

我相信，一件好的藝術品是作者付諸於思想、感情和勞動的。但天性的不受拘束，趨使葉光寒靈敏的領悟及藝術根基，勇奪了許多大獎；其愛心為族親社會所作的貢獻，如一灣碧水，不時飄散出縷縷雲煙。他的個性真誠而質樸，獨孤地悍衛著現實世界的傳統的生活空間。作品既表現在題材內容上，也表現在藝術語言上。其中，〈大地歲月系列〉、〈荷花檔案〉等，在詩藝上膾炙人口。浮世繪的亮麗色彩，著重感官上的訴求外，也不時充分地流露出民間的溫馨情味，逐漸地引導他的情感更加地純粹化，默默引起有心人注目。從這個事實，我想假以時日，可以看到葉光寒在芸芸眾生中綻放出高原的詩花，其詩書已達到一定的高度，且獲得創造性的喜悅；在繪畫領域上也寫下屬於他動人的一章。

> 　　　　　—— 2011.1.1 作
> 　　　　　—— 刊美國《亞特蘭大新聞》，2011.2.25

略論臺灣高準的詩才

摘要：高準除了寫詩、散文，也從事教授及出版過文學批評與繪畫史研究等著作。本文主要從詩中闡釋其意象藝術：大氣磅礡、高華清遠；愛國熱忱與浪漫情思並蒂的曼妙理趣。

關鍵字：詩歌，學者，作家

高準：孤高的愛國詩人

高準（1938-），上海金山張堰人，23 歲畢業於國立臺灣大學，中國文化研究所碩士。赴美國、澳大利亞悉尼大學進修，悉尼大學東方學系博士班結業。獲選為英國劍橋大學副院士，曾任悉尼大學高級講師、美國柏克萊加州大學研究員、美國愛荷華大學國際榮譽作家，曾任中國文化大學教授，現自行寫作。作者在二十世紀末，曾被譽為臺灣集詩、書、畫、譯、評、編為一體的優秀學者詩人。其中，〈念故鄉〉、〈中國萬歲交響曲〉二十多年來為大陸詩壇所歌頌，並於 1979-2001 年間，由第一版《葵心集》歷經增版及改編四次而成《高準詩集全編》，讚美的呼聲不歇。其他作品有《丁香結》、散文集《山河紀行》、評論集《文學與社會》、專著《中國大陸新詩評析》、《論中國現代詩的流變與前途方向》、《中國繪畫史導論》、《反專制主義大師黃梨洲》等多種。其詩文能表現出浩然開闊的襟懷和清高德操，主觀意識強、情感濃郁；意象

密度大且節奏和諧，故能適切地表達出自己的思想及感悟。

大氣磅礡　高華清遠

　　高準詩歌意象所要傳達的是個人情志的抒發和感情體驗，主要以歌詠中國山水景物，表達出知識份子對祖國的嚮往，或蘊涵著情思和感慨。比如〈在山之巔〉是作者 20 歲那年八月自霧社徒步登合歡山歸來後寫下的一首現代詩：

願如孤松　屹立於山巔
願如野菊　縵爛於寒凜凜的山崗
願在山上　我。正如鷹
願在雲端

大氣飲我以清冽　雲濯我趾尖
　　　　　軟草眠我　野百合自銀河流落
灰塵遠離我了
　　　　　我呼吸着自由！

世界遠離 ——
　　　　　面具遠離！
　　　　　帽子遠離！
　　　　　及外衣亦遠離
而去。

崗上且有松林　乃有浪花響動　海呼嘯

　崗上且有橘樹與蘋果　仲夏的濃蔭滿溢了
　於是　有五月的芳馨飄流
　　　有透明的夢　墜自林間

　　這些意象寄託著高準對大自然的崇敬，他靜穆地回憶在雲端深徑，遠山不染纖塵、那金色銀河正引發懷思輕愁。風柔柔，四野靜寂；野百合的天空下，只有白浪拍岸聲。詩人的靈魂向山谷的深處飛去，細細朗讀著深埋的歷史，再一次追回細膩的道別⋯⋯而那透明的夢，斟滿了崗上的千古花事，詩意盎然且充滿了溫馨，這是對合歡山最恰切的禮讚了。

　　〈丁香結〉是作者 22 歲所寫的一首情詩，意象清新、能表達出對愛情的探尋與落寞：

　　　我不會忘記，雖然也許這是你的希望，
　　　潔白的影子，已永遠映在灰藍的湖上；
　　　雲無心而出岫，又歸向谷底。
　　　一片澄澈，卻珍藏着一縷星光。

　　　我不會忘記，雖然我也這樣希望，
　　　一朵微笑，茁長，已在小園裏茁長，
　　　播種的少女哪，你有心還是無心？
　　　有時你任它憔悴，有時你又來澆灌。

　　　我不會忘記，雖然也許最好讓我們遺忘，
　　　動蕩的湖心，濾不掉那一縷無奈的星光。
　　　朵朵微笑，唉，朵朵白色的丁香，

播種的少女哪，別讓它漂在水上。

　　欣賞高準的詩作，要觀察其意象是否有其寫實性的背景。顯然地，這首詩展示給我們的是真實的情感畫面。作者心中的想望，似乎已沒入灰藍的遠方，卻又像是要停泊在他的心上。那杳逝的背影，讓詩人有望盡雲路的傷感；然而少女的微笑，如白色的丁香，怕是輕輕地飄飛、隱沒……似乎告訴我們，愛情何其短促的悵然。

　　〈彼岸〉是作者 23 歲之作，詩的思想性和藝術性是作者的匠心所在：

　　　　熱情呵，你漂往何處？
　　　　小舟已破，浪正高，
　　　　島上的燈火將熄……
　　　　　　　　　　　夜很深哪！

　　　　夜很深哪！
　　　　啊，請讓那小舟漂向沙灘，
　　　　我已不再嚮往那蜃樓玉砌，
　　　　我也不再想寫一本厚厚的航海日記。

　　　　　　　　畫裡的美人終在畫裡
　　　　　　　　雲層落下，便成污泥。

　　　　啊熱情，你漂往何處？
　　　　小舟已破，浪正高，

你既躲我，且讓我休息。
　　　我要找一注清泉
　　　把全身濯洗。

　　記得古希臘詩人西蒙尼德斯〈Simonides〉有句名言，「詩是有聲畫，畫是無聲詩」，這不無道理。在這首詩裡，「小舟已破」是巧妙的喻象，把失去戀情的惆悵突顯出來。以靜照中打破了時空的界限，讓失落的思緒逐漸沉澱下來；這裡表現的思辯性是深刻的，它反映的是自己的心聲，表達了他雖悲傷，但也想掙脫禁錮的靈魂。那敲響出的字字句句如礁島的喚聲，是作者最深邃的餘音，也串起我們激蕩的心靈。

　　〈心願〉是高準 31 歲所寫的情詩，也寫得蘊藉生動：

你離開時一切將成為灰爐
　　　　　只有現在呵是我的光明
多麼希望一切已退隱而逝
　　　　　只有你我呵再沒有別人

但願啊只有那無邊的青草
　　　　　青草地上我坐在你身邊
看西天在晚風中燃起焰火
　　　　　蒼茫裏把我們熔成一片

或者，在深山的小木屋裏
紅燭光下我伏在你胸前
看雪花在窗外落着，落着

　　我覆蓋你，你溫暖纏綿

　　而最好，還是有一條小舟
　　　　　　讓我們仰臥看白雲翩躚
　　惟心跳的韻律隨濤聲上下
　　　　　　就任它飄流呀飄到天邊

　　詩句多麼妙微，彷彿中，深深的夜，還藏著作者靈魂的孤獨；像縷縷漂泊的飛煙，使人傷感。而我也慢慢瞭解，作者的詩琴跟著徜徉在雲間，他真誠地面對自己，其深情的瞳孔，連風也斑駁。33 歲時作者終於寫下了〈念故鄉〉這首力作，詩是如此純淨，如此寬廣，又不經意地向著思鄉的祖國張望，能展示空間的深度及高度，造成一種筆調柔和、以作品中個性化為特點的優雅情調。在第一段裡：

　　是永恆的情人在夢裡飄渺
　　是生我的母親卻任我飄泊
　　　　　　故鄉呀
　　我的故鄉是中國！

　　描繪出作者的想望。呵，故國，呵，塵夢，如母親般溫柔的中國，或者比情人的身影更濃重。作者張開臂膀，直想雀躍奔跑其間了。在最後一段詩裡更吶喊道：

　　故鄉呀　我喊您的名字　寫你的名字
　　而你是聽不到的　你也看不到我的詩

但終究我只有愛你呀愛你
因為我血管裏呀也只有你的血液

　　詩裡的中國是高準的思想：蔚藍和海洋。那可是他的詩音高懸在雲端迴蕩，更暴露出作者的期待；讓思念似一把散滿霜風的北望的弓，那颼颼的箭射下遠方泣零的雪。當高準 38 歲寫下〈中國萬歲交響曲〉時，他已經是海峽兩岸知名的詩人作家了。此詩贏得許多民心，備受注目。其中，我最欣賞其中兩段：

啊，芳菲的地呀永恆的愛戀！
關關的雎鳩呀，歌唱在潺湲的河邊。
楊柳已飄煙，誰能忘那西湖的激灩？
月光正似水，堪掬否那灕江的清淺？
嫋嫋的秋風，吹拂著洞庭湖的紅葉，
呦呦的麋鹿，蹦跳在長白山的林間。

啊啊，創造與奮鬥的家園！
你代代呀放射著多少璀璨的光焰！
自從那神農氏種下了第一粒稻麥，
那螺祖採下了第一顆蠶繭……
闢草萊，開溝洫，治九河，定九州，
篳路藍縷，胼手胝足，創下了堯封禹甸！

　　這種豪情的意象表達，不粉飾矯情，使詩意空間寬廣了。而畫面充滿表現力，是作者最輕盈的飛翔！他的心中始終離不開中國，離不開大地山河，這也是高準詩集的特色。踏回中國的旅遊

行動,一直是作者年輕時的夢想,他眼底的真淳感動了分隔半個世紀的時空及戒令,深烙於歷史的洪流之中。在他不乏堅毅的詩語裡,我們讀到了一個熱血青年的驕傲。

　　高準的祖父是國際著名天文學家高平子,當他 50 歲返鄉參加高平子百年紀念會於上海、青島兩地舉行後,高準順便走訪曲阜,翌年寫下〈謁孔子墓〉,詩語純淨、氣壯情逸,有智性和藝術性的哲思:

> 一步步走入那柏蔭的深處
> 瑟瑟的涼風啊叮嚀著蕭穆
> 一步步消釋了心頭的塵俗
> 悠悠的浮雲是仰慕的凝注
>
> 悄悄地站立在高大的碑前
> 枯草啊滿覆着永恆的黃土
> 不輟的弦歌啊何處再尋覓
> 諄諄教誨着是人生的正途
>
> 文化的燼火啊由您而燃亮
> 代代呵輝耀着是禮樂詩書
> 您教導著什麼是仁心仁術
> 惟不憂與不惑能不懼險阻
>
> 暴雨不終夕兮您就是見證
> 生生不息的血脈剝極必復
> 深深地鞠躬啊向聖哲致敬

　　承先啟後啊振我中華民族

　　在此詩裡，高準把孔子心懷天下、悲天憫人的仁者風範及孜孜不倦的精神，盡入詩中。藉緬懷中暗喻海峽兩岸有著一樣的血統，一樣的語文，而延續中華文化任務才是高準博大精深的思想內涵。最後介紹一首感人的親情詩〈回家的路上—送父親葬後歸途〉，這是作者 60 歲所寫的：

　　　　好像還仍是在童年的時光
　　　　隨您去郊遊而回家的路上
　　　　暮色裡那一段相同的途程
　　　　依稀似仍然有一點兒相像

　　　　當我們到達了海濱的山上
　　　　陣雨已停息而綻現了光亮
　　　　您卻為什麼總沒有醒來呀
　　　　再沒有聲聲的叮嚀在耳畔

　　　　恍忽仍一起在回家的路上
　　　　車外已閃亮著滿街的燈盞
　　　　前面就快到了下車的地方
　　　　伸手才憬然已無人可扶攪

　　此詩的意象是寫實的，情感完全深藏於意象之中。我們分明可以讀到他失親後綿密的輕愁、看到一個凝定的容顏，如雪山般冰瑩、清溪和星空般寬闊的心靈。雖然今年已 73 歲的高準，但筆

耕不輟，年初傳來正欲出版的《高準遊踪散記》裡的一篇〈悼念一隻小野貓〉。在文中，我看到了他生活困窘的一面、與小貓間真情相依偎、人性的光輝與靈魂痛苦的呼喊。

結語：冬季裡的燦星

高準〈附 1〉一生曾放射過燦爛奪目的光輝，他也是一個敏感、多產又有才氣的書畫家。比如 29 歲畫下《夏之歌》〈附 2〉，它充滿曲線，富於島嶼風情表現力的色彩；另一幅 30 歲油彩的《春衣》〈附 3〉，更能夠以純熟力量表現出內心的情感藝術。也就是他的生存和書、詩、畫藝術和他精神張力是相一致的，只可惜晚年苦難不曾間歇。除婚姻的不順遂，加以 55 歲時遭逢車禍幾死，右手殘障，力已大不如前；目前孤家寡人，鮮少與外界交流。

眾所周知，高準 45 歲時，大陸曾出版了他的詩集，聲噪一時，因為是大陸所出第一本當代臺灣的個人詩集。51 歲時還親赴大陸要求釋放被拘捕的臺灣民歌手侯德健，獲得成功。後以簡樸方式數次隻身到大陸漫遊，足跡遠抵帕米爾高原，一償宿願。他在 39 歲時曾創辦過《詩潮》詩刊，第一集遭人誣陷被查禁，後繼續出版，共出七集，由武漢中國當代作家代表作陳列館所收藏。43 歲訪遊大陸後，撰寫了許多著名的長篇遊記及著作，他真是位對邪惡義憤填膺的正義儒者。他以筆批評世俗醜惡，以詩抒發情志；以散文寫出現實人生的真善美及瞻仰中國山河的感慨。這本《高準詩集全編》充分展出他的特殊才學，用詩人的眼審視世間的一切並觸及時代的脈搏。他對愛情憧憬的執著、對愛國精神的堅持，是生命的吶喊及歌吟。我看到了他質樸與真誠的一面，也看到了詩裡煉意成象的藝術功夫，這種努力飛翔的孤影，恰恰給了我很

深刻的印象。

　　在深夜裡，我期望高準生命裡的悲傷，一切拂逆與困厄，能隨著蒼海浮光，全都無懼地漂走……閱讀他的詩文，時常縈迴在我沉思之上，它細訴高準留痕的愛情與清遠無欲的心志，彷彿有一種香醇又富饒的感覺，如同被石壁的回音所彈奏；它似冬季裡一顆閃爍的明星，在靜寂的雪峰上輝耀……

1.　高準居家照片　　　　　　　　　　　　　　附1

2.　1967 年〈29 歲畫〉油彩《夏之歌》〈65x55.5cm〉

附2

3.　1968 年〈30 歲畫〉油彩《春衣》〈61x 75cm〉

附 3

　　　── 2011.1.17 作
　　　── 刊登美國《亞特蘭大新聞》，2011.4.15

純眞的生命樣態

── 黃騰輝《冬日歲月》賞析

以詩描繪現實面相

　　初次見到黃騰輝〈1931-〉是在臺灣文學館舉行《笠》45 周年會議上相見的，當他的書放到到我案頭上時，我便被他的詩深深吸引了。他是新竹縣竹北人，東吳大學法律系畢業。對於詩，他向來有一份執著及使命感；能洞悉人民的苦難與政治的現實。文字無須旁敲側擊，也沒有晦澀深隱；其情意貫徹，常能喚起鄉土的記憶，藉以反映真實人生。《冬日歲月》可以看到詩人四十多年來的心路歷程，詩看來樸真無華又富有時代性，某些影像或許是在隨興之下揮灑的。我很喜歡他的短詩，如〈太陽餅〉、〈愁〉，筆下大多是些清晰可辨的事物與風景，但深具哲思。他在描繪現實面相時，常透過象徵的表現，轉而用一種自己認為感情上更真實的方式，來表現出真正的感受與想法；讓事物在事過境遷後，以新的方法去創造藝術，保有詩的生命力。

　　另一方面也同樣清楚地顯示出，黃騰輝在確立自我、解救自我、完成自我認同的過程中，他本土的意識型態和寫實化傾向較濃。正因社會風俗最能直接反映民心，作者常落筆於民風的變化，

收筆於痛苦的歷史記憶，以敘寫出具社會現實性的心聲。

生命的釋放和沉澱

　　黃騰輝一生的表現是多方面的成就，不論教學、企業家或擔任《笠》詩社發起人四十餘年來，體現了他許多思想。不僅奠定自己的詩生涯，進而引導了日後《笠》的發展方向，也更加讓讀者體認到臺灣文史保存必須靠堅持的力量。比如寫〈悲哀〉時他才 32 歲，可以看到他的筆跡和表情是有感而發的：

　　　雙手插在褲袋，
　　　吹著口哨，
　　　這樣，沒有人知道我曾經流過淚的。

　　　踢著路石，
　　　一蹦一跳……
　　　但，無論如何我還是笑不出來。

　　在創作過程中，作者暗喻內心對詩熱切的想望，夢想種植與成長的艱辛，也似乎構築出年輕咀嚼生命的無拘灑然。畫面不時地在真實與回憶之間穿縮，猶如一串斷斷續續的影像，牽引著讀者窺探的思緒。

　　黃騰輝也是個優秀的思想家，平日溫和幽默，生活極單純；除對大地自然景物情有獨鍾外，在關懷社會中另有哲思，恆給人深度的知覺感受。中年時期，他默默與《笠》並肩地在時間的洪流裡紀錄了許多歷史的痕跡，也因此更經得起政治性言論的挑

戰。比如〈被統治者〉、〈三角函數〉等詩，作者以深刻、反諷的藝術手法，提出了朝野派系鬥爭、金權政治等一系列令人省思的問題，彰顯出作者為正義吶喊的人文心理圖像。〈石油〉反映出地球生態的危機以及無聲地鞭撻著石化工業等污染的弊端；〈落葉〉則是嘲諷社會貧富差距之後遺症。在時代的潮流中，作者為我們保留了一塊真誠而有機的人間淨土。然而，當作者 68 歲喪妻後，哀慟之下，竟一連串寫下十多首詩感人肺腑之作，其中這首〈遺言〉，是生命的自然流露，也詮釋了生死之間的相互關係：

　　不忍「永別」的悲痛，
　　與醫生串通的謊言，
　　讓妳沒留下半句遺言。

　　但，臨走，
　　眼角的淚光，緊握的手，
　　我還是深深的領悟到 ──
　　妳最擔心的是，
　　走後，無伴的我。

　　揭開愛人生死永離的序幕，畫面多多少少令人感受到作者的無限懷舊與感傷；情感的凝顏，直達生命之幽隱地帶，亦透露出他豪邁中對愛情的執著與堅貞。崇尚自由與真理的黃騰輝，雖是個成功的企業家，但生活中，他最喜歡吃些道地的臺灣味的小吃，有簡約、樸真的一面；也有好客熱情的習性。比如 71 歲時寫下的這首〈夜市〉，刻劃的無非是芸芸眾生的人間百態：

夜裡才會醒來的風景
或許可以撿到
被景氣倒掉的殘夢

適合於失意的口袋
認命的閒蕩
廉價的拍賣　有剛退潮的流行
粗獷的吆喝　有剛煮熟的鄉愁

消瘦的荷包
流亡的攤販
都要在警察不及回眸的瞬間結緣
殘喘的人群
在夜的角落
難得有個落腳的溫柔

　　在夜市中獨處，詩的靈感豐富了作者孤寂的心靈；加上作者的悲憫之情都自自然然的浮現，而刻骨銘心的經驗，讓人深受感動。黃騰輝出身於鄉村，雖遠離家鄉，隻身在外奮鬥數十年；然而，故鄉的一切，彷彿有某一股寧靜、深遠而龐大的力量，將作者的靈魂自臺北的夜空中抽離出來，比如這首佳作〈螢〉：

當年，故鄉的水比酒甜
提燈帶路的夜歸，
你的醉步總是先迷路。

夜色不勝嬌柔翩翩，
田園也醉。

留你，
別飛上空當星星。
但，送別兒歌，
你也揮別。
田園依然，
夜，孤單。

　　詩中雖未直寫詩人沉醉在美化了的情境之中，而是抒發了異鄉遊子的情懷。此詩出現的「提燈帶路」、「揮別」的擬人手法，貼切地表達了離鄉和憶兒時的情愁，使詩具有了清逸雋永的意境與親切的氣韻。詩人控訴大都會的燈紅酒綠，永遠比不上舊時樸實生活、自在純真的一面。但如此莊重的意旨用抒情的筆調寫出，這正是詩人潛藏的鄉土意識抬頭的開始，實際上是耐人尋味的。年近 80 歲的黃騰輝還不能完成休息，要必須爲《笠》繼續奉獻、也筆耕不歇。寫下的〈逛街〉，意趣橫生，令人莞爾：

爆乳肥臀
一身名牌　珠光寶氣
沿街噴射醉人的香水味

半白徐娘的阿桑
以為自己有享用不完的春天

最喜歡的還是攜帶性感行頭
在大街上走成一個景點

至少也給繁華的街景

增添一點養份

　　晚年的作者寫詩的心境和生活充分結合，保持他個人樸素的風格，依然沒有花俏的表情，經年累積的工作歷練及過人的哲思，不知不覺中培養出他獨具特色的詩藝風格。黃騰輝早已體認到，有了悲喜之情才發現一個有情世界；因而，他寫詩的宗旨就在於生命的釋放與沉澱中，獲得了心靈的充實與愉悅。

沉潛的牧羊者

　　黃騰輝與詩之間處於一種純粹的和諧，一種自在的交會狀態。他的詩觀裡最後一段說：「有憂愁寫出從容，有眼淚寫出心寬，有對立寫出包容……，只有靈性的美學可以站穩這個地球的搖晃。」這段話有自己獨立的人格，有自己的精神世界，值得我們尊敬；也成了往後讀者最用來砥礪自己的自由精神。作者的詩沒有繁文褥節，能專心營造自己胸中的意象，從而產生一種具張力的形象。他的抱負與理想在一定程度上，是非常可貴的，猶如一個沉潛的牧羊者，他放射出溫順和期待的目光於臺灣土地上。他那哲人般的面部表情、平頭的銀髮，對寫詩的熱誠、對小百姓的深厚之情，已經散發出無法比擬的魅力。那麼毫無疑問，黃騰輝的一生是成功的嗎？筆者深信，這本晚年之作《冬日歲月》，集合了 60 首新詩，也對這個問題提出了一個有力的回應。

—— 2011.1.19 作

—— 刊臺灣《笠》詩刊 286 期，

2011.12.15 頁 121-126

評李浩的《許廣平畫傳》研究

摘要：魯迅的文化精神，幾乎影響了中國近代史半世紀之久。然而，隨著李浩所揭示的歷史深度，與魯迅廝守一生的許廣平的形象及獨特的時代價值，也更為拓展了研究者的學術視野。

關鍵詞：許廣平，魯迅，歷史

一、樸實與優雅：許廣平的人格特徵

關於許廣平〈1898-1968〉，係歷經五四新文化運動而成長起來的第一代由中國自己培養的現代女知識份子、女作家、社會活動家；她的生命更是一部充滿了挑戰與嚴肅使命的歷史。在二十世紀的文化探索中，魯迅所倡導的精神、加上嚴謹的寫作態度和想像的絕對自由是深具啟發意義的，永遠不熄地燃燒著火光。而許廣平無疑是一個榮幸的女人，她選擇追隨魯迅情感的軌跡，完全拋棄了傳統的束縛，只是遵從了心的指示。她與魯迅之間不滅的情誼、共同生活十年中經受住了各種磨練與指摘，但她仰慕魯迅的作品，因而她總是能完成一些意義重大的步伐。可以說，許廣平的情感和願望是魯迅一切努力和創作背後的動力；在那動盪時中，歷史也留下這一段患難見真情的愛情的最佳見證。他們在心靈上彼此依靠是一致的，如同一種音樂的和絃。

其實不用我多寫，在李浩這本書後記的開頭中已做了更簡明

的介紹和評論。雖然如此，但我仍以真性情把對許廣平主觀的「心靈的圖象」描繪出來；她生於廣東番禺人，祖籍福建。這位富有才情而個性獨特的女子，平日是很樸實、優雅大方的；有清澈聰頡的眼神、不怯懦的個性。慣留整齊的短髮，眉宇之間頗有自信、思想高潔。她來到世上三天，就被酩酊大醉的父親以「碰杯為婚」替她定了親，許配給廣州一戶姓馬的人家。後她要求解除這個婚約，1918 年入天津直隸第一女子師範學校。

　　五四期間，許廣平參加天津女界愛國同志會和覺悟社活動；於 1922 年北上求學。1920 年北京大學首開先例，率先解除了對女性接受高等教育的限制；同年秋天，魯迅也在北京大學和女師大授課，教授的是中國小說史。魯迅來女師大上課之前，其實《阿Q正傳》、《孔乙己》等小說，已普遍為女師大學生所喜歡。許廣平就是這第一批女大學生之一，她是 1923 年考入這所國立北京女子高等師範學校國文系。也許五四帶給年輕的知識份子是對舊社會體制的破壞與革新的渴求，這讓許廣平的血液裡也滲透著反抗封建婚姻、舊禮教、舊教育的思想。不期然地，在女師大，許廣平成為魯迅和許壽裳、易培基的學生。

　　魯迅的個子雖矮小，上課總是不修邊幅的；然而，許廣平和其他同學一樣，竟被他精湛的演講深深吸引了。當時魯迅、胡適、陳獨秀等人在講堂上教授了學生的民主自由意識，而正義是給予每個熱血的學子他應得的部分的這種堅定而恒久的願望。就在楊蔭榆任校長後，由於校規更嚴格，學生們祭奠孫中山的行為遂成了揭批驅楊校長運動的導火線，而且在實現這一願望的過程中，他們師生兩人所遇到的困難愈大，奮鬥的意志就愈是堅強。直至落幕，魯迅的聲譽更廣泛的傳播開來；但由此顯見，學生時代的許廣平行事比較激進，更是一個「勇敢者」。

　　直到 1925 年夏天，在魯迅的家裏，許廣平第一次勇於向魯迅表達了自己的愛；但是，魯迅則蘊藏著難以言喻的壓力與傷感，他認爲自己仍受傳統婚姻所困，已不配得到婚姻上的幸福。儘管在魯迅家中，許廣平常爲魯迅抄寫書稿，在那些早年艱難的歲月中，她永不饜足地閱讀魯迅作品，對魯迅的痛苦、和不譁衆取寵的寫作風格一直有著強烈的影響。然而，與許廣平的交往趨熱，讓魯迅寧靜的心湖出現了波紋，原本固守無愛的婚姻的念頭也趨於動搖了。魯迅慢慢地也向許廣平釋出了愛，他們通信的氣氛，總是開朗的、適度的，包含在一種幸福的、超越現實的眼光中。

　　魯迅與許廣平兩人的同居開始於 1927 年 10 月他們到上海後，沒有儀式、沒有任何喜慶活動，許廣平卻甘於成爲與魯迅相守十年的知心伴侶。兩年後的十月一日，他們的愛子出世，由魯迅取名爲周海嬰。那時，魯迅在北京的原配朱安，一個舊社會傳統婚姻包袱的悲劇下的女人，也只好認命地「以蝸牛自喻」；但魯迅至死亦對朱安保持距離但不離棄。1933 年 5 月，許廣平與魯迅將此前的書信編輯成《兩地書》出版，這是瞭解其兩人愛情的最佳見證。魯迅的情書雖無奔放的激情，但偶有還是可看到些纏綿悱惻之語。其實，他們的相知絕非偶然僥倖，因爲萬個口惠而實不至的泛交，抵不過一個同生死共患難的知心。所以當許廣平主動向魯迅表示相愛之意時，他也不禁地脫口說出：「我可以愛！我只愛你一人！」，而許廣平也隨即寫下了這首情詩〈爲了愛〉：

在深切瞭解之下，
你說：我可以愛。
你就愛我一人。
我們無愧於心，

對得起人人。

1934 年，魯迅也深情地回贈了許廣平一首詩，「十年攜手共艱危，以沫相濡亦可哀。聊借畫圖怡倦眼，此中甘苦兩相知。」愛，是無法翻譯的，我相信讀者能透過詩清楚地看到真愛的這種美。在追溯形成許廣平的人格的起源時，我們必須指出這種情感關係是怎樣演變從一種不協調的時代背景中誕生的。無可否認的是，魯迅是以精神的要素，以想像的力量來工作的；其豐富的寫作思想中，經常作為其創作能量和生命力的後盾的許廣平，成為決定他命運的舵手。雖然他的創作活動只是集中於那個年代，但他遺留下來的文化精神是深具影響的，也繼續以微妙的、富有意義的方式存在著。

二、時代背景流變對許廣平的影響

許廣平因為魯迅的緣故被人有很多關注，但注重點多為他們的愛情面與衍生的聯想；以及對 1949 年後的所謂的「捧」、或晚年的許廣平於 1966 年發表的《毛澤東思想的陽光照耀著魯迅》等等，譏諷許廣平者甚多，這其實是時代環境下一種生活的選擇。1936 年魯迅去世後，許廣平就面臨如何選擇路線的問題。而生存的壓力、照顧海嬰及魯迅母親及朱安等問題，其實貫穿於魯迅死後的許廣平的生活的，因此有旁人所指責許廣平在 49 年後的很多事。許廣平有很多同學是國民黨，其實許廣平本人就是國民黨黨員，但因為魯迅的緣故，不可能親近。魯迅去世時，她才 40 歲，以當時情況，她只能選擇轉向左。1937 年許廣平和鄭振鐸等入編輯出版《魯迅全集》，抗戰時期她在上海參加抗日救亡運動。其實，

許廣平這輩子歷經許多坎坷，為保護魯迅手稿和遺物，曾被日本憲兵隊抓去 76 天，飽受刑罰及精神折磨，但她絲毫不肯招供。她的氣概本來如此，當時的時代更磨礪了她，這段史實在現代史上留下了英雄的典型。

　　八年抗戰勝利後，她曾任《民主》週刊編輯。1948 年底經香港轉赴東北解放區。1949 年出席中國人民政治協商會議第一屆全體會議，歷任中央人民政府政務院副秘書長、全國人大常務委員、全國政協常務委員、全國婦聯副主席、民主促進會副主席、全國文學藝術界聯合會主席團委員等職。1960 年 10 月加入中國共產黨。她關心民生疾苦，訪問前線慰勞，成為真正的人道主義者。1968 年 3 月 3 日，樸實、優雅的許廣平於北京逝世，終其一生，她全力投入社會運動工作與紀念魯迅的事業，永遠站在魯迅的身邊。戰爭時，她把魯迅的所有手稿拿到上海保存。新中國成立後，她保護手稿，保護魯迅遺存；她也盡力地編纂《魯迅全集》及其他數種的紀念文集、《魯迅回憶錄》的手稿，堅持大多不加刪改地出版魯迅全集，幾乎不以遮羞或避諱，這是她的歷史功績，最後也總算完成了許廣平的遺願。但她將所有魯迅生前的著作〈文化遺產〉和留下的文物〈物質遺產〉都獻給國家，全然無留給自己和後代。許廣平對魯迅的懷念和愛始終如一，在魯迅病危之際，她頓悟到對保存魯迅書籍手稿的重要，這種勇氣的志向陪伴著她，直到她 70 歲去世為止。此最大意義在於她對愛的無私與執著，值得她傾力守護著；他們之間存有一種學生對老師的崇敬，還有夫妻間的呵護、關注。或許人世間的愛情就是因這樣平實的感人故事而顯得不平凡了。

　　就像某些學派看法的那樣，許廣平對時代的貢獻在於把思想的問題從「看見」轉為「理解」，以便獲取更深刻理解魯迅的文

化精神。筆者卻以為，她深知，光有知識是不夠的，還應當運用；光有願望是不夠的，還應當行動。總之，許廣平對中國文化史獻保存的貢獻是不容置疑的，然而，她的力量始終來自一種熱忱的本能及永不向命運低頭的自然表現，它們是時代演變持續和不斷的磨練結果。唯一不變的是，她一方面將自身對於戰爭與英雄主義的反思做了一次時代性的更新，一方面更是賦予魯迅作品以一個象徵中國文化傳承與新希望的總結。

　　魯迅死後，許廣平在編寫遺稿及創作過程，一派忍辱負重，讓《魯迅全集》在命定的時代洪流中顯露出一股知天命的祥和，並且還一肩挑起家人生計與中國當代女權保守的窘況以及中國日漸凋零的文化危機，做了一次傾力吶喊的呼應。許廣平那永遠是無比真誠直接而不加以掩飾的清純，或許這源於她的真實性格始然，就這點來看，她那親和的藝術氣質，似乎與此書裡收集了許多珍貴的照片中逐漸拼湊出來的，平面而模糊的影像又是極其接近的。作者李浩突破了許多侷限上的困難，將許廣平從祖先的根源、地理與人文詳盡了她生活上的點滴及故事；讓她的真性情得以詮釋、立體了起來。無論直接的研究探索，還是耿直式的忠誠描述，讀來總是真摯得令人動容，更是提供了研究者不少解讀上的奧秘。

　　近年來，社會上出現一些所謂的新學者新流派，熱衷於研究魯迅的「兄弟不和」和「重婚」範疇，卻漠視了魯迅所處的時代和環境。為此，魯迅家人和一部分魯迅研究的學者專家，已經取得相關部門的批准，重新展開解讀魯迅的作品和文化精神。而李浩基於許廣平真實人生與魯迅間相互連結，將兩人同志情誼從認識到攜手奮鬥到死的這段歷史成為書中最璀璨的焦點所在。而書裡作者於熾熱的中心思想外，也不時釋放出魯迅的精神直到如今

也不能遺忘之因是，身為《上海魯迅研究》責任編委的他，也作了一番忠誠的努力。他致力於兩種新探索，一方面期許對許廣平的形象試圖給予人像一種他特有的解釋；一種是使用能夠提示新層次的解讀因素，來預防魯迅精神被後世研究者抹殺或貶抑對其研究論斷。在這自覺下，《許廣平畫傳》研究是深具文化上更深層、更普遍的意涵的，也成為一種有生命的力量。

三、勇者的塑像：追循魯迅道路的許廣平

過去撰寫每一人物畫像的成型，往往源於資料上錯綜記憶、歷史與想像的交雜。其核心本質既是對於論述者生命歷程中特定事件的重製與再現，更是基於某些失落人事物的追憶或還原歷史真相的補償心理。對於魯迅研究者主張拓展的領域，不僅要注意世界文化交流面，也要注意多側面的細緻研究，同其他學科進行合作，運用哲學、社會學、心理學等多學科的方法解釋魯迅的文化精神。李浩研究認為，許廣平是堅持依循魯迅的道路不變，這是具有劃時代的意義的。他把研究重點放到史料的深層結構上，注意到許廣平為抗日作出實際的貢獻。進一步說，他在寫作情感的醞釀中，便已種下了他對許廣平崇敬的人生觀了。

在上海淪陷為孤島後，許廣平進而團結上海十多個婦女團體繼續從事抗日工作；甚至不顧親友的阻攔，冒死參加了抗日女傑茅麗瑛的喪禮，猶如當年魯迅參加楊杏佛的喪禮。最後，她在日軍進駐上海一星期後，自己也慘遭日軍至家中搜捕，施行鞭打；然而，她那不屈不撓的精神及毅力是鮮人能及的，她的堅韌正是源自於魯迅救國的理念及戰鬥的不懈精神。而許廣平多次寫下了抗日感召的文章，無懼政局不安的險惡，可見她當時懷著的雄心

壯志及行誼理想的偉大，歷史地位自然舉足輕重。難能可貴的是，她一直妥善地照顧了魯迅母親及朱安的生計，直至她們去世；一生無怨地為黨工作，更以實際的行動，實踐了為祖國人民的大無畏的犧牲，其思想也是與魯迅相仿的。

　　綜上所知，許廣平是一個有氣節、剛毅堅忍，望之儼然、近之親切的思想家，作家，也是優秀的革命鬥士。她一生堅守原則、有守有為，是個風骨嶙峋的奇女子；其高貴之處，是忠貞的胸膛裡擁有一顆決不膽怯的心靈，如棵質地堅硬的橡樹，巍然矗立於大地。她寧可放棄教書、自我發展成為新女性外出工作的機會，也要與魯迅長相廝守。除了愛情使然，也許她認為，生命的意義，在於當下的創造。而今她逝世即將 43 年過去了，許廣平不僅成為推動時代巨輪的女擎手之一，更成為中國歷史上濁世中的一道潺潺不絕的清流⋯⋯

　　　　　　　—— 2011.1.31 作
　　　　　　　—— 刊登美國《亞特蘭大新聞》，
　　　　　　　　　2011.03.04

簡論錦連詩歌表現生活美學的藝術

其人其詩

錦連〈1928- 〉出生於彰化市，任職於台灣鐵路局電報室近38年退休；由於詩才橫溢，富有哲理的沉思，在台灣本土詩壇中占有獨特地位，被譽為「鐵道詩人」。曾獲第五屆「榮後詩獎」、真理大學「台灣文學家牛津獎」等，主要著作有《鄉愁》、《錦連作品集》、《守夜的壁虎》、《海的起源》、《支點》。

不論是謳歌人性美人情美，還是訴說孤獨和苦難的痛心或揭露社會現實彰顯人性的善純；錦連的詩，常能保持著理性和情感的並存，無不流露出那真摯溫厚的對生命的關懷與敬畏之情。而我想到的是，錦連的詩創作的非同尋常的持久性；他筆下對臺灣之情的真實表達則從側面反映了他對以「愛」為生活軸心的渴望。作者以詩人的靈心，更多是一種現實的思考；如同萬千景物的在運動變化中發出的聲響，卻被組成了一一篇篇交響的樂章。

自然與詩的和諧一致

據我所讀到的資料，我看到的是錦連詩歌語言中的風景；它顯然讓人看到作者的勇氣和純真的謙遜。有時，我們會發笑，感

到輕鬆；甚至感覺到，生活和錦連的詩創作本身是相生相依的。
晚年的他，仍揮動詩筆寫下了許多謳歌大自然情景的詩，如七十
歲所寫的〈溪流〉，極具哲思：

> 不管人間的榮枯盛衰
> 溪水今天仍然在地表上潺潺地流著
> 那有時單調有時激情的水聲
> 是眾神的低聲悄語和愉悅的笑聲
> 它也是在訴說著永恆的存在
> 世界上不時有孤獨的人
> 來到涼冷的溪流邊　倚在樹幹
> 想要解讀眾神智慧的啟示
> 而靜靜地在徹耳傾聽

　　此詩音色悅耳，其言動心。作者鮮明地體現出溪流無視塵世
的浮沉，依然川流不歇的景象；其中精神世界和對生命的意識，
使人恍若藍天的陰雲總會飛逝而空的。最後兩句餘音嫋嫋、有不
絕如縷的藝術效果。由此我聯想到，生命中的意志，經由大自然
無言的滋養，是最豐富的。作者所寫的事情，都是親身體驗的現
實，還有一些透露了詩人歷史想像中的浪漫期待。比如 79 歲時寫
下的〈小石子〉，點出夫妻簡樸中的溫存景況，極富情趣：

> 先賢曾諄諄教誨「幸福要自己尋找」
> 從小時候到青春時期　經過中年至老年
> 我到處找　隨時找　卻都是空歡喜或以落敗收場
> 有一天以蹣跚的步伐走進古老的小巷子竟也跌了一跤

爬起來時順手抓住一塊有著綺麗紋路的小石子
像是充滿希望和純潔盼望的往昔記憶般可愛
我放進口袋趕回家　在晚餐桌上送給妻子
妻子以溫柔的微笑回報我這稚拙的舉動
在她手中把玩的那顆小石子
竟閃亮著我夢寐以求溫馨的小小幸福光彩

　　這裡，作者正是為了創造生動傳神的意境、一幅完整的生活圖景，而運用「引而不發」的表現方法。在詩中，他有意把「情」藏了起來，先從各個方面，描繪「幸福其實近在身邊」的真貌；到了詩末，才突然「亮」出光彩，使那顆不經意拾起的小石子成為突現意境的「畫龍點睛之筆」。錦連的詩常能誘發讀者豐富的美的聯想，如〈木瓜〉既充滿親切感人的現實生活氣息，又嘗試運用了表現主義的手法：

切開木瓜
就有鄉土的氣味撲鼻
一吃木瓜
就有深切的鄉愁湧上心頭
木瓜是溫暖之國台灣的象徵
曾經是樂園的台灣
如今是唯一讓人懷舊的純粹遺物
木瓜的香氣是啊是夢想之香

　　一切語言的點化在錦連看來都是為了反映生活、揭示人生的況味。為守住臺灣文化的根脈的他，以描繪出木瓜來激發我們的

鄉土情懷；其中，蘊含著深厚的感思，也是依靠最後一句，才獲得了餘味無窮的展現。最後這首〈壁虎〉，全詩構思新奇，比喻生動。顯然地，作者寫詩是與生俱來的本能，不是刻意獲得的：

> 守著夜的寧靜
> 不轉眼珠的小壁虎
> 以透明的胃臟
> 靜聽著壁上的大掛鐘
>
> 連空氣都欲睡的夜半
> 我亦孤獨地清醒著
> 守著人生的寂寥……

　　此詩幽淡而雋永，有一種純粹的抒情，時空並重；描寫著重在描摹而不在敘述，能表現禪機。處理的是作者對人生種種現象的感受，用小壁虎的示意作用，便形成了深夜更加孤獨的對照，而大掛鐘的細微擺動聲劃破了寧靜，又增添了詩意。這就開拓了物理空間以外的讀者意識空間和心理空間，以詩來救贖自我靈魂，這無疑是極為可貴的精神追求。

雲木的象徵

　　當 83 歲病中的錦連回顧自己一生時，他以不隱藏自己的態度，為自己像一棵雲木於萬山、十里溪風之中那樣活過而驕傲。作者自幼出生貧困，但胸中不染塵埃，有真正人道主義精神，並堅定用一生來寫作。他擅長把握詩的純粹本質，撤除宗派、信仰

等歧見，能表現詩人真誠的人生觀，以「愛」出發，表達真理，是他作品精神的溯源，而且很有特色。作者已找尋到一片真正屬於自己的世界了，從以上摘選的詩句中，我們可以看到錦連以簡潔的文字記敘了對生活美學豐富的材料。他創作詩文涉及面很廣泛，對臺灣文學所造成的影響也是功不可沒。

　　—— 2011.2.22 作

　　—— 刊登臺灣《乾坤》詩刊，2011.秋季號，第 59 期

　　—— 轉載廣西大學中文系主辦《閱讀與寫作》，2011.07 期

簡論耿建華詩歌的意象藝術

意象玄奇　詩風曠達

在山東詩人中，耿建華〈註 1〉是藝術個性強烈的學者，他的詩美在意識聚焦相當活躍、哲理豐饒，詩評的見地也細緻而深遠。尤以短詩見長，其不同流俗的心胸，正是詩人的奇異；閒暇時，常描寫出對澹泊生活的觀照與樸真的情懷。如〈孤獨的狼〉：「對手死了／獵人老了／黑松林／靜靜只有影子不朽／伴你獨行」。詩句精簡，卻透出了一種「高致」。作者暗喻儲藏在本我中的意識，冀望幫助狼返回日夜找尋的靈魂之家；讓其精神的昇華帶來自由與舒展。然而，當我細心品讀《詩歌的意象藝術與批評》後，我驚異地發現，作者創作的背後都蘊藏著對自然的尊重與熱愛，這一點，正是詩人博大的人文精神；而其研究詩的藝術真諦，往往從內容與形式及其美感來展開，舉凡繪畫、音樂、哲學等的靈視力〈vision〉，其溫儒的氣質、易於感動而又坦誠的感情，形象了耿建華詩意象玄奇、風格曠達的鮮明特點，其思維所至，莫不讓人感受到心靈的愉悅。

詩的意象藝術的發現

在耿建華詩歌中，用動植物烘托情思是慣用的筆法；他把自

我與宇宙萬物交融在一起，促使詩的深層結構達到與自然和諧一致的境界。如〈虎〉：「沒有／爪／牙／誰還怕你」，短短八字，的確是新鮮又傳神；意象壯美而不乏幽默睿智。詩中的老虎就不再是純客觀的物象，而是影射了詩人感情的意象；詩的魅力就彰顯出來了。

　　耿建華詩中也頗多描繪優美的意象之作，這與其作詩時，情感的邏輯總能體驗到自然景色的醇美之味相關聯。如〈竹林〉：

綠色的雲
青春的夢

飄著
飄著
落在了
山腰上

　　全詩每個視覺意象得以飽嚐「返樸歸隱」的盎趣，詩人對大自然山川的壯觀事物特別傾心，也表現了詩人雙重的心態與複雜的情感。彷彿中，那望不盡的竹色，順著一彎清溪、白鷺等明淨景物，牽出了詩人忘不了的輕愁……然而，年輕的夢已逝，我看到詩人在俯仰間，稟持一種如水月般的自若。被保留在文字上的，是需要讀者通過多層次的想像與透視才能理解與欣賞。另一首〈泡茶〉，作品以芳香色彩和聲音互相呼應著，能表現出生活的歡樂；又音韻的推敲，能喚起精神上的感動：

採一把黃山的雲霧

斟一杯碧綠的鳥聲

詩人運用象徵的技巧，把主題完美地表達出來。山間鳥雀的和諧的歌聲，使詩人脫淨一切的束縛，樂而忘返。不知不覺間，幾朵低雲，幾多煙波，詩人的泉眼裡，捕捉到的是一勻笑容。耿建華天性溫和開朗，詩的語言不喜雕飾、晦澀，常呈現出高潔不阿的風格。如這首〈長城〉，具有較哲思的美學價值：

> 為什麼
> 趴在大地上
> 站
> 起
> 來
> 不是更雄偉嗎

詩形鋪陳有建築美，能清醒的體認到國力昔盛今衰、長城面臨內憂外患的艱鉅中，是那個特定的時代的知識份子們所普遍感受到中國人要挺立站起來而難以言表的情緒，這也是作者自我的心態。詩中，詩人以激越的情緒，歌頌長城偉大歷史意義，生動的表現了詩人的英勇氣慨，有中國人民不畏強權的個性，文字的銜接組合也有跳躍的想像。

〈懸崖〉是首不可多得的佳文，隨瀑布聲音之突落，彈跳出望崖興起情感的孤獨：

> 尖叫
> 顫抖著

落
下
濺起蔚藍的回聲
透明的風
遮不住赤褐色的猙獰
針葉樹沉默
圓月
在升

　　耿建華詩歌能擺脫舊詩的藩籬，具有突出的現代感，也善於融化舊詩詞詩歌的自覺形態。想到懸崖，讀者會自然地聯想到一系列的意象，如高懸在雲端迴蕩的，是什麼樣的往事，讓詩人把白的夜拋向星月，頓時湧進作者最深隱的魂靈？此詩音節優美、能強調自我的感覺，用象徵手法抒情，寄寓了崖上飛瀑直下、流過森林，而靜月為抒情線索，委婉表達詩人在月下對大自然一往情深的憶念。此外，詩人創作中用以表現「坦誠」的心的意象頗多，其中，〈裸女〉更深情地描繪出天地雖大，知音庶幾的情愁，也有「漂漂何所似，天地一沙鷗」的人生境界：

　　我是裸女
　　我從血紅的夜中走來
　　舉著枯萎了的枷鎖
　　如同逐出伊甸園的夏娃
　　高擎著上帝的禁果
　　我坦然地走在大地上
　　唱一支無邪的歌

　　鮮血像露珠在荊棘上閃耀
　　我赤裸著

　　全詩韻位固定，頭尾對稱相輔，迭唱手法的運用中，有音樂美。詩中描摹的「裸女」，其實主題思想可以追溯到詩人一生希望坦蕩蕩地面對外界渾沌的塵事早日落定的強烈願望。讀來抑揚頓挫，形象鮮活。耿建華對新詩持續的創作與評論，有助於提昇時下部份新詩「散漫無神」的垢病。最後推介的〈柳之曲〉，音節的和諧与齊，如牧人的歌聲，道盡作者嚮往忘塵厭俗的生活氣息：

　　曉風裡
　　望落了那勾殘月
　　羌笛中
　　閃動著盈盈淚眼

　　一支歌永不老去
　　從春綠唱到秋黃
　　從唐朝唱到今天

　　這首類似小令的新詩，借「殘月」、「羌笛」之間的自然聯繫寫出柳樹歌詠歷史更迭的悲切，有繪畫美。詩人敏銳地抓住柳影間波光盈盈、年華褪去、殘月依舊當空等具體而生動的形象，能抒發懷舊明志的胸襟，也將柳的飄逸，勾勒出一條名亮的音流，通過時空的感受，表達了深沉的思想感情。

耿建華：清真的高士

　　耿建華的詩歌十分注意藝術技巧，在詩裏，他能巧妙的把氣氛感情、景象三者融匯在一起，創造了耐人尋味的意境。詩篇格調簡樸真摯，有一種深入簡出般隱士的情操。今年嚴冬剛過，收到剛退休的詩人寄來 mail 一首近作〈新詞小令〉，風格略感孤峭，借用外在的景致來表現其主觀心態。暗指詩人經歷的年代風雲中的一種感情歷程，既有真情感歎，又有開闊的山居情懷：

　　　老了嗎
　　　頭上落一層
　　　掃不去的
　　　白霜
　　　心仍聽見
　　　銀河水響

　　　雲影動
　　　月牙長
　　　酒杯裏
　　　滿是蒼涼

　　詩語細膩，所蘊含的盡是情的凝重。此外，是詩人沉思形象與歲月匆逝感傷的相互交織，組構了詩裡沉摯的抒情基調。詩人情緒也隨夜景變化著，那漫不經心的步履兒在風中踏響；而思想的馳蕩如孕蕾的幼蟲在悄然吐絲……這是對生命中的回顧和追

緬。晚風正酣，詩人觀看著，在影落波間，詩人如一清真的高士般，行腳已沒有風塵，像是沉醉於命運的遐想。

　　黑格爾曾說：「美是理念的感性顯現。」耿建華的短詩大多寫回顧既往及總結人生的哲思或對自然界的流連感懷，含蓄柔婉中帶有明顯的浪漫色彩，給人以樸真之美；詩裡不時展現出睿智的哲理，有知識性，也有音韻感。詩人的言行表現出名士氣息、豁達的氣慨。透過對其詩其人的深入瞭解，不得不為詩人剛直不阿，坦誠率真的美好品格而敬佩。他的詩歌讚頌了大自然中應珍惜有限的資源，並啓示了詩的純粹本質原是「真」。這種閱讀經驗溫暖了我的期待視野，但似乎更切合詩人對自我創作的要求。其主要的原因有二，其一，詩人重現了新詩意象的繁複性思維，用純真無瑕的自省意識強化了詩的涵義；其二是，他注重詩的韻律，色彩明麗，對祖國、大地、自然的一切有著深沉的愛及關懷，情味極其深長。此外，閱讀其詩評，更以堅實的內容去豐富讀者的思想，其對詩歌意象探索的努力不屈及以詩歌開掘出活的文學精神，正是我學習借鏡的榜樣。

註 1：耿建華〈1948-〉，山東大學中文系教授、副院長退休。著
　　　有：《中國現代朦朧詩賞析》（合著），《臺灣現代詩賞析》
　　　（合著），《諾貝爾文學獎獲得者詩歌賞析》，《新時期詩潮
　　　論》（合著），《詩歌的意象藝術》，《新聞寫說學》（合著），
　　　詩集有《青春鳥》、《白馬》。

　　　　　　—— 2011.3.4 作-1
　　　　　　—— 刊登北京《老年作家》季刊，2011.01 期，
　　　　　　　　總第 17 期，頁 35-37

一支清幽的詩笛

—— 淺釋林錫嘉詩三首

在竹音深處的鄉愁裡

　　林錫嘉〈1939-〉臺灣嘉義人，文才橫溢，被譽爲資深的鄉村詩人、散文家。台肥工程師退休，曾獲中國文藝協會詩歌類文藝獎章、全國青年詩人獎、青溪文藝散文銅環獎。現任中國文藝協會理事等職，著有《親情詩集》等十多種。「竹」台語音爲「德」，林錫嘉自幼與竹林爲伍，除了擁有和孟宗竹一樣筆直的性格外，也有顆求精進、謙遜的心。

　　《竹頭集》是本有思想深度又感人的詩集，前後歷經十年，共選收 52 首詩。詩裡運用的語言單純而真摯，能觸及早期農業時代那深刻的社會寫實，如作者後記寫道：「母親守著的肉粽攤、父親肩上的扁擔、頭上的竹笠，我手中搓動的竹蜻蜓……，至今仍是我內心深處的一種痛楚。」林錫嘉以自己的心靈閃光，投射到有歷史背景的物象上，即心靈的外化，去切身地感受生活。他擺脫虛偽，力求自然和樸素；可謂「童趣中品苦味人生，緬懷中透親恩無限」其創造的喜樂與哀愁使人印象鮮明，歷久難忘。他用一生的歲月做詩文園丁，這是詩人的中心思想，也是林錫嘉一生

不懈的實踐。

寄情於自然的佳篇

　　兩年前最早認識林錫嘉於中國文藝協會會議上，最近我們一起參加活動後，我又打開《竹頭集》，細讀時，發現林錫嘉的詩跟他本人一樣樸真、良善。在自然簡約的詩語裡流淌著濃郁的詩情，且大部份的題材是圍繞著童年、親情、鄉村生活、竹玩或與竹相關的用物或器具展開。如竹頭刻成的一對「想杯」〈即占卜物〉和竹扇、竹笠和竹燈籠、竹橋和竹籮筐、畚箕和竹筷、扁擔和竹搖籃、竹錢筒仔和竹槍、竹蜻蜓和碗粿叉仔、竹籬笆和竹筍……處處可見，林錫嘉以大孩子的心，回憶童年那段艱辛卻帶有童趣的生活，在竹音深處，有某種親切而純真的特色，能把人們帶往美好純真的童年。

　　作者在揭示人生哲理方面也頗有佳作，比如〈尋找心中一片竹〉，歌吟生命仍是其主旋律，內裡包含著作者自己的想望，引用象徵、隱喻、通感等手法，氣勢優閑而恢宏，能創造一幅有禪韻又開闊的詩境：

　　　　竹林，永遠是一片
　　　　初土的宇宙
　　　　土地鬆酥
　　　　潤玉青葉

　　　　每每，我常如一隻
　　　　喜悅的雪色鳥

靜靜的飛掠
翅膀在流溢的清澈中
綠成二片拍動的竹葉

眾人群立之林
紛紛擾擾
不是為了苦或樂
只是貪婪
都已遮蓋了半邊人間

似乎帶點悲觀的
探詢
笛聲今夜格外悽悵
為了這人間
縱使砍盡所有竹林
也找不到一支
快樂的笛子吧！

　　此詩情象交融，竹子的存在與對故鄉的嚮往，使得大自然與
林錫嘉的距離更近，更具有親和力與家園感；能表現出詩人追求
「天人合一」的精神層次，令人不禁跟著走入詩人所拓展的幽靜
清雅的獨特境界。最後一段也有借古諷今之意，恰如「笠翁七尺
閑竿釣，愁笛一曲誰人知？」頗有一種豁達清爽之感。另一首〈肉
粽語〉，讓母愛在詩人的筆下熠熠生輝：

　　我的心

包藏著
母親的愛

我要靜靜的垂掛
細味
母親的雙手
繫綁時的力量

蒼勁而又溫暖的
有如包裹的竹葉
那手
飽蘊著親情　　以及
高節的叮嚀
都暖暖的流入
我的心中

不論誰的手
來剖開
我都將給他
融和著竹葉的
芳香

　　這種對鄉情、親情的真摯表達，正是林錫嘉「鄉愁情結」的深層展現，彷彿中，那輕煙曉霧籠罩的竹林，翠影婆娑，詩人思母的心與古月常存；也可以體會詩人告別家鄉、母親是多麼的痛苦。然而，人生命運之苦，作者在感情的光照下，最終以藝術之

筆展示生命體驗的佳篇。最後這首〈念父親〉，不但體現了作者對
父親的愛和萬般感受，內涵深刻，感人尤深：

　　回家鄉的那條小路
　　今天把所有的竹叢
　　都細細聽過

　　一路聽
　　一路想

　　看到家門時
　　父親的話
　　就變得清晰了

　　庭院那棵竹
　　最會說父親的故事
　　就在跨進門檻之前
　　停下腳步
　　聽他絮絮訴說
　　父親的話
　　一葉一句
　　一葉一句
　　自最接近父親的一片
　　輕輕飄下
　　愈來愈清晰
　　直到最接近我的一片

我都聽到了

終於
淚與腳步一起
踏入家門

而父親！
您離開家都已五年了

　　作者在思念的描摹上，感情是隱隱現出來的，但能深入詩人
骨髓。鄉村的竹叢和草根、每當月夜和黃昏，就不期然出現在他
的詩中，而這也正是家鄉的這塊熱土培育出林錫嘉的詩情。文學
之路是艱難的，但他真是個堅強的勇者，在收錄的詩歌中，雖多
為感事傷懷，但他抒發了遊子的心聲且注重鮮明的意象、新巧又
啟人遐思。

結　語

　　英國詩人雪萊〈Percy Bysshe Shelley, 1792-1822〉曾說：「一
首詩則是生命的真正的形象，用永恆的真理發現出來。」林錫嘉
對竹的收集題材十分廣泛，詩性簡約自然，有著直入人心的力量，
能充分表達了詩人以「竹解虛心是我師」的志向胸懷及一片深情。
如今詩文已成為他生命中的一部份，他是個以詩為生命的苦吟
者，也是詩美的不倦追求者。作者的勤奮與執著值得稱許，在感
情的表現角度上全面而深刻，這是我所佩服的。

—— 2011.5.9 晚

—— 刊臺灣《秋水》詩刊，第 151 期，2011.11

飛向湖邊的白鶴

── 淺釋鍾鼎文的詩〈雪蓮謠〉〈三峽〉

詩人的點描

鍾鼎文（1914-），生於安徽舒城南港鎮缸窯村。上海中國公學大學部政經系、日本京都帝國大學社會學科畢業。曾任復旦大學教授，國民大會代表、《聯合報》及《自立晚報》主筆、世界詩人大會榮譽會長、世界藝術文化學院院長等職，獲中山文藝獎及國際桂冠詩人獎等殊榮。他對寫詩有著巨大而熱切的渴求，能以卓越的才華將他一生對詩的探索轉變爲純情唯美的藝術形象。那種充滿詩情的專注精神，彷彿從峻岩峭壁的峰頂上，一隻飛向湖邊的白鶴……。其作品中流露出來的貴族情調和神奇幻覺的特性，常以強烈而敏感的表現力與溫柔感融匯在一起，使我們窺見一個永遠年輕的精神。

鍾家原姓朱，乃朱明後裔。清初流落江淮間，依外祖易姓鍾，係書香門弟，鍾鼎文之父在安徽省城安慶當律師，母親持家務；1933年年關，其父母在舒城老家遭土匪殺害。鍾鼎文來臺後，曾與紀弦、覃子豪在《自立晚報》創刊「新詩周刊」，開啓臺灣的新詩運動，其後又籌組成立「藍星詩社」，並出版「藍星詩刊」。作

者詩作在英、美、菲、德、巴等國曾獲得多項獎章，是當代臺灣詩壇的巨擎，國際間聲譽更臻於高峰。著有詩集《三年》、《橋》、《行吟者》、《山河詩抄》、《白色的花束》、《國旗頌》、《雨季》，詩論《現代詩往何處去》，另有英文、法文詩集等，其傳記刊於英、美的世界名人錄。其實，鍾鼎文的興趣囊括各個領域的知識，除工作、教書、寫作、素描、書法外；詩，標誌著鍾鼎文卓越的藝術成就與驕傲。他的詩，能以愛和溫情體現出自己心靈的深度，詩風纖維而高雅，清新又明快的音韻，具有絕對的獨創性為其特色。

凌空白鶴鳴　詩慰平生

　　2011 年 5 月 4 日文藝節於臺灣省「國家圖書館」三樓舉行會員大會，鍾老師再次出席於台上頒獎，我欣喜地看到一個如雪山般晶瑩、大海般開闊的心靈的詩人，仍散發著生命的熱力，孕育著一個初夏的議堂。返家後無意間找到了其晚年近作透露出一種真純與滄桑感，此詩可以讀到他熱血的流淌，這是否預示著縱橫超過一世紀的老詩人又重新煥發了詩歌的青春？是很耐人咀嚼的：

〈雪蓮謠〉 ── 楔子

客自西藏遠歸家
　贈我雪蓮一朵花
　　憔悴枯槁無顏色
　　　魂魄聖潔是仙葩

雪蓮啊，雪蓮！您、雪中蓮、蓮中仙，
來自世界屋脊的西藏高原 ——
山在那裡「疊羅漢」，山上有山、山上有山；
雪蓮高隱在山上山的雪山山巔。
天在那裡「捉迷藏」，天外有天、天外有天；
雪蓮遠遁在天外天的西天天邊。
說那裡是仙境？
萬年風雪、眾生絕滅；
除卻雪蓮、不見神仙蹤影。
說那裡是人間？
萬山冰雪、一片潔白；
除卻雪蓮、竟渺無人煙。

雪蓮啊，雪蓮！您、雪中蓮、蓮中仙，
原本是人世間、出污泥而不染的青蓮；
發下了宏願、經歷了千萬般修煉，
得道、登仙，更登峰、造極，
成為世界屋脊上不平凡的雪蓮。
為何動了俗念，不辭塵劫、棄仙下凡？
自甘淪落、直下萬丈高原；
雪蓮啊，雪蓮！您、雪中蓮、蓮中仙，
自行貶謫、橫越萬里中原？
飛蓬般地輾轉復輾轉，前來與我結緣？
隨我渡東海、來台灣、下榻寒舍，
客串我亡故的老伴、伴我
消磨人世間寂寞、澹泊的風燭殘年？

　　此詩畫面清晰明亮、真切而感人。內容豐富而斑斕多采的圖景裡，具有複雜的神學意味，能寫出自己的切身體驗。作者在他生命的時空中曾經過濾出許多美麗的瞬間，此詩再次以雪蓮意象的介入使時空有了跳躍，具有電影蒙太奇的手法。雖然敘述的詩化是旅程中片刻的景語，但思情乍動，情節性強，失去與青梅竹馬的夫人向荃後的鍾先生把層層相思化作情語與蓮融合為一，既迷惘又清醒，既柔美又悲切，但細節裡具象了孤寂的感覺。尤以最末兩句，一種悲愴和痛苦之情席捲整個畫面，刻劃出詩人堅韌不屈又英挺的身影，並塑造了一個高尚的人性，無形中溫暖了讀者的鄉夢。

　　年輕的鐘鼎文有著擷取人性中英勇無畏與愛國的精神，與他在詩藝上的成就一樣，他在其他領域的研究也達到了一定的成就；然而，有關他個人思想感情上的訊息卻十分稀少。這份孤獨在許多傑出的詩作中流露，比如這首〈三峽〉，結構富有節奏感，一種精神的呼吸，彷彿凍結在情景凝固的空氣中：

　　　　大江東去，
　　　　一萬里儘是滔滔……
　　　　伸出百川的猿臂，
　　　　張開五湖的龍爪；
　　　　那渾身雄偉的氣力，
　　　　全憑這一段蜂腰。
　　　　天寒，更覺得兩岸的山高，
　　　　夜半，才看到中天的月小；
　　　　波濤裏有千古的魚龍跳躍，
　　　　往日的哀猿不再啼了，

但過灘時汽笛的呼嘯，

一樣地令人魂銷。

在這裏，我幾次去來，

每次總想到古代的「出塞」；

澎湃的波濤，由瞿塘峽東下，

正像漢家的兵馬，從玉門關西調，

聽起來，總想到 ——

車轔轔，馬蕭蕭……

　　依據俄國美術理論家康丁斯基〈1866-1944〉的說法，真正的藝術作品是以一種神秘的、謎般的、奇妙的方式誕生的。鍾鼎文也是個博學多聞、愛好和平的思想家。此詩用最崇高的視覺形象表現了出來，創作時，是他創作成果豐碩的時期。畫面想像中，背景處繪著交錯的群峰一片蔥綠，傾瀉下微藍色的光芒和透迤流淌的江水，讓詩人沈浸在濕潤而多霧的大氣裡……作者開始憶及歷史交替的朝代、古人，如此奇妙地封閉在他那遙遠而又親切的隔離空間中，有些美麗的、蒼涼的記憶隨時間持續不斷地在變換著；襯以籠罩在灰濛中的重岩疊嶂的三峽風景，藉以勾勒出追緬的情思與和諧生動的氣氛。末句，「車轔轔，馬蕭蕭……」動感極強，充滿修辭學般的啓迪，代替了鍾鼎文作品中深刻的心理表現，有一種嶄新的崇敬傾向，能創造一幅壯麗圖畫的動人調和，在古典靜謐的色調中統一起來了，也達到一個完美成熟階段。

鍾鼎文：中國桂冠詩人的驕傲

　　今年已 97 歲的愛國詩人鍾鼎文，在日本東京帝國大學攻讀哲

學期間，驚聞父母噩耗，交織著極大的悲觀情緒，致罹患心悸及失眠症多年，經好友安排寄居於郊區修學院黑田老丈別墅，得以調治恢復。至 1966 年，鍾先生應日本新聞協會邀請赴日訪問，輾轉打聽黑田一家，方得以重返故居，把酒敘舊，悲喜交集，回首前塵，恍如一夢。臨行寫下十首舊詩以贈，其中《重游關西》，讀來十分動容，有令人沉醉的力量。我把這力量稱爲「詩意」：

海天浪跡若行雲，歸國猶餘半日程。

最是關西斷腸處，幾回重到幾傷情。

此詩爲看似靜止的塵事與悠遠的自然遠景注入了詩人的生命力，作者的愛憎情仇已隨風而逝，在一顆對國家的無比忠誠的心中。另一首《參拜禪華寺》：「重見阿姑憶阿婆，難酬漂母奈恩何。禪華寺裡深深拜，（黑田家墓在寺內）白石青苔濺淚多。」此詩寫出詩人離情別緒後的痛感，也寫出詩人純真性情的強力放射。鍾鼎文一生淡泊名利、是高潔的雅士，其詩歌也是華人最值得珍視的精神遺產。

他有的精神，如執矛的藍騎士的形象，像流星一樣發出光芒，沐浴在月光下寧靜的閃爍中……

—— 寫於 2011.5.12

—— 刊登台灣《全國新書資訊月刊》，

　　第 150 期，2011.06

．2009 年 5 月 28 日詩人節，筆者與鍾鼎文老師
　合影於中國文藝協會。（照片提供/林明理）

荷影達人

── 高好禮的書畫藝術

　　高好禮〈1929-〉生於安徽省阜陽縣，奉台師範畢業，政戰學校藝術系畢業，師承名家胡克敏教授。曾舉辦過台美個展及聯展二十餘次，入選台灣省 22、23 屆油畫及中國文藝協會獎等榮譽。《談畫荷》是本中英畫集，漢康出版，由星雲大師為序，李奇茂教授題誌。內容涵蓋荷的自然生態、畫荷技巧及作品選輯，印刷精美，荷影動人。

談畫荷52

嬌嬈爭寵（佛光緣美術館珍藏）

Contending Beauties (Collection of Fo Kuang Yuang Yuan Museum Of Fine Arts) 137×69cm 1995

　　約在三年前於文協開會活動中認識了高好禮，承這位溫雅、謙遜的長者關愛，賜予荷畫一幅。最近再度與會，方知前兩年苦於罹患攝護腺癌，直到今年已逐漸康復；返家後，立即收到《談畫荷》，對愛荷的我，特別感動。臨夜賞讀，出神觀照，荷靜謐拂動的韻律節奏與樸實沈穩的內涵；彷彿中，藕花香氣陣陣襲來，任憑知性與想像優遊其間。不難看出，高好禮

的筆觸輕靈，能釋放出墨色散染的層次感，注入了一股清新的氣息，也展現出對大自然無爭的禪心，是其藝術表現不可思議的極限。尤其，他心裡頭期盼的是，人人樂於親近自然與享受藝術的社會，又以積極樂觀的態度看待人生。荷，正代表著他內在的精神與韌性。晚年的他，更以自在的心，畫出許多賞心悅目的風景、或恆久純真的視覺藝術。

高好禮也是個以自然為師的書畫家，在無數次刮風暴雨的觀荷過程中，既能不斷地省視、感悟出荷的生命力，也讓觀者共同體會藝術創作之甘美。因而，星雲大師在他的書序裡，記下這一段文字：

高先生作畫，以荷花神韻為主，故能顯現靈性，與佛心相契，不只本身畫荷，更進一步能傳授畫荷的技法，令人欽佩。

而李奇茂教授在專誌裡，則有這樣一段話：

老友好禮學弟，數十年精研中西繪畫、工書法，在剛柔相濟中，行草創寫簡筆荷花，立意上追古人。論畫形似、神韻、意趣並重，表現主觀心，不失客觀之物。

此書裡，有幅〈蒲塘爭寵〉〈佛光緣美術館珍藏〉，喜歡它的原因是，典型地反映了高先生對荷的藝術追求與人格精神。他不僅是個藝術家，而且有胸懷磊落的崇高性。平日簡樸的生活中，有文人篤實的一面，也有不阿諛奉迎的精神氣度。我以為，高先生能把荷的氣魄、骨力、風韻描繪得如此自如，這韻潤的墨功，筆簡形具，帶給觀者寧靜與祥和，這或許來自其對荷無限的深意與無邊的深情吧！

── 2011.5.13 作

── 刊台灣《人間福報》副刊，

2011.05.23

清淡閒遠的歌者

—— 讀許其正詩集《山不講話》

其人其詩

　　許其正〈1939-〉是臺灣詩人兼翻譯家，東吳大學法學士、高雄師範大學教研所結業；曾任軍法官、教師等職，獲世界文化藝術學院頒發榮譽文學博士學位、希臘札斯特朗文學會頒發紀念獎等殊榮。《山不講話》是詩人收錄他35首英、中、日文對照的詩集，是一個在國際詩壇界活躍又清淡閒遠的歌者。這本結集裡的詩作延續了他過去崇尚質樸平淡與內在的含蓄的主題，描繪出許多鄉村童年的記憶，讓沸騰的詩心漂蕩在故鄉的小河上，形象生動，也具有生命的深度。

　　如果仔細研究，仍可看出，許其正的詩語言較為通暢、口語化，和東方美學中的審美觀念保有一份清新的滲透關係。這種帶有鄉土色彩文化的運用，在他對南臺灣屏東故鄉的夢中，或以之為素材而常吟詠，或以之為引子借景抒懷。這本結集不但網羅詩人奇特的想像力與誇張手法，除了表達其噴薄的感情外，給人在視覺、聽覺、觸覺等的各種官能上，造成一種渾然天成的美感，有詩人淳樸的思想感情。

童年的鏡子和回聲

　　許其正是個風趣又豁達的詩人，最引人注目的是，他永遠是詩界不凋的青樹，文思優美，詩裡盡是反射自己的情感、回憶等等最真實的記錄。比起時下許多矯飾造作或無病呻吟之作，他的詩行裡跳躍著發自內心的呼聲、交織著自己的希望、憧憬與歡欣，也洗滌了思鄉的靈魂。如這首〈半天鳥〉，能反映出詩人退休後雖身處都市叢林，卻幻想著回故鄉的愁悶；從藝術上看，通感手法運用得抒情又有韻味：

　　　　我是一只嬌小的半天鳥，
　　　　展開翅，冉冉地往上升，
　　　　在夏午，迎著熱靜的藍空。

　　　　翩的一聲：飛，我也開始唱，
　　　　唱出南方之歌，唱得空氣聲聲震蕩。
　　　　—— 半天裡起一陣風浪。

　　　　飛得疲了，唱得啞了，
　　　　風浪便將我旋翩地上，
　　　　醺醺地睡去，不顧一切。

　　　　待我蘇醒，從遠地的夢中，
　　　　天仍舊藍、靜，地還是悶、熱；
　　　　只不見那一陣半天裡的風浪。

　　　　我是一只嬌小的半天鳥，
　　　　展開翅，冉冉地往上升，
　　　　在夏午，迎著靜熱的藍空。

　　在這裡，雲雀在南台灣屏東平原稱為半天鳥，詩人以生動的筆墨塑造了化身雲雀飛回故里的藝術形象，表現出真樸的詩境；而「翅」字是詩眼，喻鳥兒展翅飛翔的聲音，讀來既有節奏又自由流暢，是作者真實心聲的流露，真是美麗的奇想。另一首〈一樣的小火車〉，同樣樸素無華，但境界開闊。特別是最後一節，把海峽兩岸的兩片風景不經意的結合，給人以美的聯想：

　　　　一樣的小火車，匡琅匡琅向前行
　　　　一個小小的火車頭
　　　　燃煤的，拉得直喘氣

　　　　那是小時候
　　　　在故鄉
　　　　載著甘蔗
　　　　前往糖廠榨糖
　　　　小火車匡琅匡琅向前行
　　　　一片悠閒，自在消遙

　　　　開過幾個歲月
　　　　小火車開到了這裡
　　　　卻載的是鹽

連我也是其中的貨載
同樣一片悠閒，自在消遙
嗯，原來這裡是青海鹽湖

一樣的小火車
兩樣的情景
小火車同樣匡琅匡琅向前行

　　許其正晚年的詩中，常帶有一種諧趣，詩的題裁也因旅遊廣闊而逐漸拓展。他先提及童年時對臺糖蒸汽小火車內在沉思的鍾情，繼而以真情描繪他到中國青海的所見所聞，詩行的簡潔與跳躍，增添了更多的內涵。最後推薦這首〈小孩的臉〉，沒有保有一顆童真的心，是寫不出來這樣動人又真摯的詩句的：

小孩的臉是一座花園
形形色色的花
經常在這裡綻放

引來許多眷顧
引來許多歡欣
引來許多讚美

但願這一張臉
永遠繁花盛開
沒有風雨來干擾破壞

　　這是 4 年前詩人寫下的溫馨之作，雖然世間滄桑變化無時不在，但對許其正而言，詩就是他生命的主旋律，時而盡情放歌，時而盡情抒懷，這也是一種身心保健的藝術嘗試；他還善於以簡樸的詩語去揭示生命的真諦和價值。

許其正：遠思於浩空的鄉村詩人

　　新詩不宜太浮華，否則很容易蒙蔽原貌。在我看來，許其正的創作之路是扎扎實實地走過來的。他對詩的旋律及音感所表現的情緒消漲自然又契合，並力圖達到回歸自然、生活簡單即是美的境界。除了寫鄉情題材外，也有些精緻的愛情詩和生活哲理詩，對人生的種種煩惱進行了詩意的重現，頗耐人尋味。

　　許其正生在農村、長在農村，即便是遠離家鄉已一甲子，仍心繫家鄉的土地詩人；所以他的詩才有一股莊稼的清香味。雖然詩人心如春水般的詩情與憨厚的外表其實是不盡協調的，然而，我記得英國著名的作家、詩人和劇作家奧斯卡‧王爾德曾說過，一個男人的臉是他的自傳。一個女人的臉是她自己的幻想作品。時下有太多的詩人，是坐在家思考的夢想家；但許其正是不同的。在去年底世界詩人大會於臺北會議廳中，我所認識的許其正是個言行一致的詩人，他見識淵博、勇敢聰敏，從高職到國中，教學長達 33 年之久；退休又勤於寫作，擔任澳洲彩虹鸚筆會臺灣分會會長等職，散文及劇本也有所獲。去年曾無懼地挑戰病魔；他也是個重情義、顧及家人的仁者。這點是絕對可以肯定與佩服的。

── 2011.4.23 p.m.6.00 寫於高雄市左營

── 刊登重慶市《世界詩人》季刊

（混語版），總第 64 期目錄，2011.11

綠色的希冀

── 楊澤的詩〈人生不值得活的〉讀後

詩人素描

楊澤〈1954-〉，本名楊憲卿，生於嘉義，台大外文系畢業，美國普林斯頓大學東亞研究博士。1976 年，他和同學羅智成、廖咸浩、詹宏志等人合組了「詩文學社」，這是台大「現代詩社」的前身。1977 年，楊澤出版了他的第一本詩集《薔薇學派的誕生》。繼之詩集有《彷彿在君父的城邦》〈1979，龍田版；1980，時報版〉、《人生不值得活的》〈1997〉。也主編過多種文學選集，如《魯迅小說集》、《從四〇年代到九〇年 ── 兩岸小說集》、《七〇年代懺情錄》、《七〇年代理想繼續燃燒》等。美國布朗大學比較文學系任教後，回國於臺大《中外文學》擔任執行編輯，現職中國時報人間副刊主編。

清峻的風骨　自然的美學表現

年少閃爍而奪目，短短三年時間連出三本詩集後，隨之沉寂已久的楊澤，在 30 多年的創作生涯中，詩質很堅實，令人仰視。

其早期詩歌的核心意象是「愛」，在創作裡一再出現，節奏感強，像樂曲的主旋律般激蕩著讀者的心弦。詩境清新而抒情，想像瑰麗；能融合中西古典美學的意境，自然中有真意。其中，無論是異鄉遊子的感事抒懷、愛情的純真與苦澀；或者與自然由相化而相忘，及對歷史的沉重感，都是隱在的。蒼茫中看得見楊澤對現實清晰的印痕，在具象符號的背後亦潛藏著理性的玄思。後期作品的心象能彰顯出觀心見性的人生體悟，在審美的苦役中，捻成一首首感覺挪移的詩證。

　　楊澤的感情真摯而濃烈；雖少有氣壯情逸，但冷凝的筆觸能注入對愛情與生命課題的思考，用力掏出自己滾燙的詩心，放在宇宙的手上，構思別有新意。回國迄今，他全力投入編選等工作，忙碌中，仍展現出對文學崇高的追求，其深厚的人文素養，是台灣文壇上活躍的人物。我選擇〈人生不值得活的〉這首敘事色彩很強的抒情詩為探析之因有三：一為極富音樂性，二為反筆的隱喻能增加作品的表現力度，三為由靜而動，由實到虛，完全避開了教條式的實描或諷刺，象徵性地表達出生命力的醒悟與為愛渴望飛翔的力量。詩人楊澤給了一個很好的示範：

　　　　人生不值得活的。
　　　　稍早，也許
　　　　我就有了不祥的預感。
　　　　稍早，早於你幼獸般
　　　　動人動人的花紋，早於
　　　　暗中的木瓜樹
　　　　高度完美的陽台與星
　　　　早於夜晚 —— 屬於所有情人的

魔笛和獨角獸底夜晚；
當魔笛吹徹
魔笛終因吹徹小樓而轉涼
號角重返那最後
與最初的草原黎明……
人生不值得活的。
稍早，我便有了如此預感。
你的絕對——野兔般
誠實勇敢底愛欲本能
還有那（讓人在在難以釋懷）
駁雜不純的氣質
傾向感傷，傾向速度
也傾向，因夢幻而來的
一點點耽溺與瘋狂
人生並不值得活的。
更早，早於書本
音樂及繪畫 —— 一開始
我就有了暗暗的預感。
綠光和藍薔薇
大麻煙捲與禪
我夢見你：電單車的女子
模仿固畫裡的無頭騎士
拎著一頭黑濃長髮，朝
草原黎明疾馳離去……
當魔笛再度吹徹
魔笛終因吹徹而轉寒

愛與死的迷藥無非是

大海落日般 ——

一種永恒的暴力

與瘋狂……

人生不值得活的。

在岸上奔跑的象群

大海及遠天相偕老去前：

暗舔傷口的幼獸哪

只為了維護

你最早和最終的感傷主義

我願意持柄為鋒

作一名不懈的

千敗劍客

土撥鼠般，我將

努力去生活

雖然，早於你的夢幻

我的虛無；早於

你的洞穴，我的光明 ——

雖然，人生並不值得活的。

　　詩的真義是需要被發覺的，乃透過詮釋者出發。此詩時空跳躍得很輕靈，有智性和藝術的雙重閃光。一開始，楊澤沉浸在愛情的迷離與幻化、人文與自然交融的境界裡，曾經有過刻骨的相思和嚮往，隨著心靈的翅膀在幽遠的時空裡飛翔。詩與詩空歷史事實並無衝突，能深情地描繪出記憶中心境的輪廓。之後，他的目光指向人類生存的地球，表現出自己面對人生命運的大關懷，

有神性光芒在閃動。誰說天空不會孤獨？在物欲橫流的當下，詩人願意忍受著幸福與苦痛，始終不忘尋找生命的光點，這是詩人的自省意識的可貴之處。把情語化景語是楊澤詩歌的秘密，此詩以反筆的手法模擬，再現「人生其實是值得活的」的悲憫情懷，是人性最光明的放射，這也是詩裡最令人感動的部分。

小　結

　　曾有人認為，楊澤詩歌的特色之一就是玄奧艱澀，即使抒情情詩也不那麼耽溺甜美。但我以為，一首好詩出現的自然物象，已非客觀存在的那個物象，它已經被詩人心靈的濾光鏡濾過，而精妙地把抽象化為具象並調整為一種通感了。〈人生不值得活的〉這首詩代表著楊澤在創作上的一個角色定位，其思想深邃，好多詩篇也存在著正面抒情與逆向思考同時進行的狀況，多屬觸景生情之作；除彰顯出詩人豐富的情感世界和具有獨特個性的詩學語言外，也許楊澤和他的詩就像一隻在向下俯視著的鳥，載著綠色的希冀，雲中回首望……。

── 2011.5.15 作
── 刊登香港詩歌協會《圓桌》詩刊，
　　第 33 期，2011.9

一顆引路的璨星

—— 馮馮《霧航 —— 媽媽不要哭》讀後

　　在一個絕望的時代，誕生了一位聰慧、敏於思索，有烏克蘭混血兒因子的馮馮；自幼即遭到養父的冷遇，適逢戰亂、顛沛流離，與母相依、幾度瀕臨生死邊緣。在一次如巨獸般地爭吵後，其父竟然開槍欲射；因倉皇外逃，意想隨軍來台發奮自學。不料，如鬼魅般的日子撲地而來，一夕改變了命運。

　　這是臺灣現代史不可忽略的小說，共百萬字的傳記裡，馮馮的感情深摯而凝重。綜述其一生的《霧航 —— 媽媽不要哭》涵蓋了兩個相對的主題層面：一方面是馮馮持久不滅的光輝，另一方面是忠誠面對自己的疏離而寂寞的生命。他深知這書裡秘而不宜，或者引而不發〈如身心受辱及同性戀的生活體驗作為語言的內蘊〉，或可避免讀者對其形象深感失望。然而，沿著馮馮的敘述軌跡，一起追尋那封閉的情緒記憶裡的心靈曲線，在視覺及質量上仍有奪人耳目之感，也為這些字語裡的淚水和生活的悲哀感到某種辛酸，而百感交集。

　　馮馮形容自己「一生都像在濃霧中航行」，儘管他萍踪浪迹，但熱愛創作卻始終沒有間斷過，是一個認真而忠實的文學實踐者。作品所呈現的特異光彩，也讓讀者汲取最深厚的力量。像馮馮這樣一個甘願沉重的作家，忠誠又大膽地對剖析內心提出強烈

的質疑；恰如其分地道出了沉痛中的堅韌、「白色恐怖」年代的無奈，或者點出了重新皈依佛祖的信心。而這種甘願成為原罪或異端的勇氣為文學注入了新的希望，它無愧於我們正在進步的民族精神。

書裡，有馮馮感到幻想失落的悲哀、精神頹唐的一面，給人的心靈以強烈的震撼力和浸透力。其中，最引人爭議的，是作者採用第一人稱敘述視角、細膩地描述出自己同性戀的心理和被性虐的行為。在臺灣，目前文學史上是一個大突破，能將讀者直接引入「我」經歷事件時的內心世界。誠然，回憶的心理機制是痛苦而帶著悲憤的，尤其，當前社會絕大多數的人們，仍以一種近乎藐視又妄自尊大的傲慢態度來看待同性戀者，畢竟它是受到主流社會文化及宗教規範的排斥的。

我以為，馮馮幼年得不到養父之愛，一位叔輩照顧他，由而暗戀愛及後來的遭遇，在角色認同上逐漸出現了問題。在某種意義上，他的自白，其實是一種精神的救贖，或有更清醒而理性的認識，而這正是此書開始生產孕育出真正的深度與多元，乃其生命力之所在。他所寫的戰爭敘述及抗戰後臺灣的流亡學生及老兵的困頓、軍情單位的某些不仁道的酷刑等情節，及加諸於其身的所有惡行，作了可怕的揭露，這是後人研究其小說真實性的史料。

無論歷史多麼地蒼老與不堪回首，鍾愛文藝的馮馮，輾轉逃難定居於加拿大 30 餘年來，有文藝上的榮譽，也保持深居簡出的修行，並配合公益演出。與張鳳儀女士這對可憐又堅強不屈於命運的母子相依了一輩子，直致其母享齡 98 歲逝世後，晚年的馮馮返台定居，於 10 年前開始著手書寫回憶錄，爭取後人理解，不讓歷史往他的生平上抹黑。而今，如同巨人安詳般、終於回到大地母親的懷抱的馮馮，已往生 4 年餘了。對其豐富又痛苦的傳奇故

事，我只憑一個簡單的信號，它如一顆引路的璀星，陪我一路細讀至此。如能引起熱烈討論與爭辯，這就是此書成功的保證。

　　　　　　　　—— 2011.5.18 作

　　　　　　　　—— 刊登高雄市《新文壇》季刊，2011 秋季號

◎馮馮生平簡表

　　1. 馮馮，〈1935.04-2007.4.23〉生於廣州市，五歲時在廣東普寧，被房東老太太取名為「虎兒」，從此取代原名馮士雄。

　　9 歲，曲江市黃埔中正幼年軍校的學生。11 歲於江西龍南中學，15 歲在廣州培正中學，隨後考入嶺大醫學系一年級生。15 歲半，隨海軍來台，入左營海軍軍官學校。因他常寄信給母親，並被誤認為匪諜，前後監禁近 5 年。後以「精神異常」，開除軍籍，獲得自由，自力更生，在台北火車站、公園街頭流浪，做苦力、擦鞋童，並勤於自修，考取編輯人員的榜首。

　　2. 作者被囚禁於鳳山海軍招待所期間慘受辱待。數年後，押往員林海軍反共先鋒營〈集中營〉受鬥爭及洗腦。20 歲被海軍釋放。22 歲，被派往澎湖海軍要港司令部任少尉外事連絡官。23 歲，金門炮戰期間，服役於前線時，家境困頓，輾轉自香港接其母親住於台北郊區中和鄉一處竹房。

　　3. 27 歲，以法文寫下「水年的故事」，入選奧大地維也納出版的「世界最佳動物小說」，獲首獎。1962 年 7 月 23 日，由國防部會議副秘書長蔣經國上將親自召見同單位連絡室馮士雄，榮獲奧國徵文獎。在豬舍竹棚的小房內，次年，又以英文寫下第一篇愛情小說「苦待」，列為 1962 年度「世界最佳愛情小說」文選。隨後也榮獲《自由談》雜誌徵文獎第一名。第二部長篇創作《青鳥》由皇冠雜誌出版，勤於筆耕。

4. 28 歲，當選首屆十大傑出青年〈文學著作成就〉頒獎於台北圓山飯店。27-30 歲，不時被傳召擔任蔣經國的口譯於重要會譯。30 歲，擔任陸軍少尉排長、預官少尉編譯官。因緣際會移民加拿大，33 歲，在溫哥華郊外一處農場溫室做臨時短工。隨後開始創作《昨夜星辰》等等膾炙人口的小說。曾與《皇冠》第一代簽約作家瓊瑤、朱西甯、林懷民等並列。

5. 56 歲，應邀美國洛杉磯市柏沙典納那大學戲院登台義演獻唱，為慈濟醫院籌募基金。59 歲，在台北國父紀念館化裝登台義唱兩夜，為獅子會與孤兒院募款。63 歲，其三齣芭蕾舞在莫斯科重演。曾獲世界摺紙大賽獎的「摺紙藝術」，由慈濟出版此書。並將持誦「大悲咒」達五百萬遍的隨身念珠義賣，全部捐贈「慈濟醫院」建設基金專戶。「慈濟美國分會」啟用典禮邀請馮馮出席。64 歲，自修古典作曲巴蕾舞劇「水仙少年」與「雪蓮仙子」，在莫斯科音樂學院大戲院演出，榮獲俄羅斯國家劇院烏克蘭音樂學院頒發榮譽作曲博士。

6. 居住長達 26 年溫哥華城，作者無師自通填詞作曲，有「素人音樂家」雅號，除寫作外、兼歌劇表演、佛教文學譯作，精通九國語言，潛心向佛。63 歲起開始撰書回憶錄，因胰臟癌於台北市慈濟醫院逝世，骨灰與其母同置於台南縣永康法王講堂，享年73 歲。其母張鳳儀〈1905-2002〉，出生廣西省防城縣那梭圩，年輕時罹患肺癆病，98 歲病逝於溫哥華，生前曾任職護理工作。

—— 刊登高雄市《新文壇》季刊，
第 25 期，2011.10 秋季號

如空中之清音

—— 淺釋連水淼詩歌的藝術形象

自然寫實的詩人

連水淼〈1949-〉福建永春人,生於臺灣基隆。16 歲開始寫詩,自 1980 年代起即十分活躍的詩人。早年曾與張堃、沙穗共同創辦《暴風雨》詩葉,1972 年入《創世紀》同仁。曾創辦並主持連勝影視公司 23 年。著有詩集《異樣的眼睛》,《生命的樹》、《臺北臺北》、《在否定之後》、《首日封》等 8 種,獲 1996 年世界藝術文化學院頒授榮譽文學博士。連水淼早期詩歌的主導傾向是樸真、豪邁,強調音律和諧的浪漫派精神,但也寫了些婉轉抒情,輕靈流麗的作品。其中幾首與音樂結合,自己作詞後由名歌手李恕權唱的〈迴〉、黃鶯鶯唱〈紫色的水晶〉、鳳飛飛唱〈憶童年〉等,都受到廣泛迴響。特別是晚年,充實的生活激活了他的意志,創作上追求生活中的感思、羈旅,也有詠物之作,坦率自然,意境韻味。

氣象深厚　情真意切

連水淼詩歌的藝術思維有幾個特點,其一,作者善用「別趣」

的概念，既不要抽象說教，也不可晦澀掉書袋；其二、形象要鮮明，情趣濃郁而深遠；其三、思想內容要「情真」，藝術表現上追求氣象深厚。詩裡雖鄉土味重，且有俚俗之風；但他描寫的景物並不是目的，而是借物寓情，以寄托作者濃烈的思想感情。比如31 歲寫下的〈空心菜〉，是最具代表性的詩歌之一：

　　一鍋清粥
　　一碟空心菜
　　消夜　　消夜
　　簑燈亮了一夜

　　一號桌一碟空心菜
　　二號桌也一碟空心菜
　　沿著桌號叫下去
　　好一道空心菜

　　沉睡的菜圃呵
　　曙色剛到來
　　阿匹婆匆忙地過去又過來
　　空心菜喲　　空心菜
　　莖葉離去根仍在
　　風雨過去新綠來

　　控空心思的人們吃著空心菜
　　從不用腦筋的阿匹婆
　　只知道把根留下來

　　把根留下來！
　　莖葉離去根仍在
　　風雨過去新綠來
　　祖傳的土地
　　萬世的根基
　　不斷的空心菜

　　把根留下來！
　　把根留下來！

　　這裡的藝術形象，是發自童心，雖平鋪直敘，但朗誦時有一種鏗鏘悅耳的美感，古厚可愛。其內涵：第一、樸素真淳、有真實情感，能表現出悲憫的品格和情趣；第二、響亮的音節諧美，清新可喜，有渾厚和雅的風格。重於領會神情，不作形式的模仿，而能根據眼前的景象構思。因此，不只具有創造性，更為重要的是作者沉靜地觀察人生，做到設身處地，把空心菜儘管處在這種環境裡，它也沒有悲傷，而是繼續在水土裡，憑著插根就能頑強成長之情狀，以其意象喻寫堅守奉獻的阿婆的姿態和努力暗含其中。詩人本具的同情心和仁慈，也使意象解讀變得更豐富了，這樣的作品才能產生強烈的藝術感染力。

　　另一首〈望雲〉，表現了作者澹泊的堅毅精神，他是一個富有影視經驗的人，又總結了許多人生的實踐經驗。因此，56 歲寫下此詩，不是泛泛而談，而是有他自己的哲思作基礎的，很值得稱道：

　　孤獨鎮守天之一隅

自成風景的　一朵雲

黑　灰　濃　淡
調撥心情
使我的思緒
起　伏　隱　露

斷了語言　的
相看
了無消息
一默平安

世事　人心
一念之間千變萬化
無言的遙對　乃
最單純的貼心

我正要起身
野地蹦出一隻蚱蜢
一隻野鳥　剪過
你的裙擺　天色就打烊了

　　作者晚年之作越來越清雅，也蘊涵哲思。這種含蓄的意象表達，使詩意空間變大，就連天邊的雲朵也變得柔和許多。這首詩用隱喻手法寫出對遠方親人的遙念，從藝術原理到創作目的、美學上已自成體系，簡約自然，帶有民歌的韻調，結尾頗有天真童

趣。詩人是靈魂的守望者，此詩展現了黃昏飄過窗口時，連水淼的身影是靜的，沉浸在思念與回味之中；彷彿讓世界也跟著慢下速度。把歸鳥飛過暗喻為剪過天空的裙襬，富有創意。詩人用生命真誠的聲音吟唱，其感情是歌頌、想念、欣賞、愉悅的。最後介紹一首〈空無〉，這首詩角度新穎、比喻貼切，使人印象深刻：

　　空掉　一段又一段前塵
　　空掉　一個又一個身影
　　空掉　喜怒哀樂　悲歡離合
　　空掉　江底的圓月　山頭的日出
　　空掉　眼耳鼻舌身意六識

　　空到　只有一個勉強名之的無

　　無量法　無極天
　　濃縮成一粒微塵

　　無可限齊的大
　　從書桌上的一個裂縫
　　悄悄騰出
　　帶著我出離

　　我探源一個空
　　答案是　本來如此
　　我追蹤一個無
　　卻回到最初

　　連水淼詩歌自有一家的風味，有一種曠達清朗、恬靜的生活意境。接連出現「空掉」的字眼，擴大了我們的感覺層面。而從圓月到日出，乃以視覺意象喻

　　時空博大，詩人所追求的美，是一種個人命運與心靈的善相統一的境界。從藝術創造的角度看，此詩的藝術形象還表現在佛學「靈趣」的追求上。色，佛家指客觀現象；「空」，則指空幻、烏有。「因空見色，由色生情，傳情入色，自色悟空」，這 16 字在世間是永遠不停的輪迴。諸如美色也好、愛情也好，都不過是一場鏡花水月般的幻覺而已。此詩是作者浸透心靈的人生感慨。情深而意切，態度明朗而堅定，也觸動了讀者的靈魂深處。

小　結

　　年後收到詩人連水淼寄贈的《首日封》詩集，他的詩歌選材廣泛，既寫親情、友情、山水旅遊，又寫事理懷緒種種，展現出開闊的襟懷和對詩歌崇高的追求。經其好友張默代編類分檔，又加前序，以饗讀者。這本詩集的出版標誌著他在詩藝的創造上又攀上一個新的台階。細細品讀，還是可以感覺到作者對詩歌是屬於精神上的呼應，詩情的內斂性強及對藝術實踐的堅忍。他善於把情意象化、藝術化，聯想豐富；而其語言的韻調節奏，如空中之清音，曾蘊釀出那麼多首美麗的詩歌，至今仍動人心弦，是位台灣詩壇受人尊重的長輩。

── 2011.5.20 作

── 刊登台灣《創世紀》詩雜誌，
　　第 168 期，2011.09 秋季號

喬林詩歌的哲學意蘊

—— 淺釋〈狩獵〉、〈基督的臉〉、〈流浪漢〉詩三首

善於哲思的詩人

喬林〈1943-〉，臺北縣基隆人，中國市政府專科學校土木科畢業。曾任職國軍退除役官兵輔導委員會測量士，及「榮民工程公司」業務處副處長；2004年夏退休後，重拾詩筆。早期曾加入「笠」、「龍族」等詩社，1966年獲首屆全國優秀青年詩人獎。著有《基督的臉》、《狩獵》、《布農族》、《喬林短詩選》、《文具群及其他》等。他曾旗幟鮮明地宣佈「詩是暴露問題的那一裂痕，它給予讀者的快感，即居於那驚心動魄的裂痕的袒露。」他以詩人無畏的精神，直接把矛頭對準了社會秩序或道德的腐敗性進行了徹底的反思，並且高舉起「意象樸實」的大旗，為臺灣詩歌發展開闢道路。

詩與美的對話

如果對喬林詩歌作一整體鳥瞰，無疑，最為鼓舞人心和令人激動的作品就是哲理詩的出現。這意蘊在其現實性上，肇始於他

對生活環境和臺灣發展命運的關注；而在其歷史意境上，則是對潛藏於詩思的覺悟中，追尋靈魂深處的「淨化」。他的詩歌有幾個特色：一、明澈的洞察力、口語化且直截了當，二、複雜卓異的心智裡，深藏藝術的理性。這一部分主要可從詩的本質上試圖詮釋其思想感情的內在統一。早期之作，他的內心世界十分純淨，感情真實而毫不虛偽；因為正直才有正氣，因為正氣才有詩的力量。比如 21 歲寫下〈狩獵〉，言語清新，人與樹合一，心與物交融，讓讀者不由自主地去捕捉那靜寂宇宙中閃動的詩性光芒：

> 花鹿矢跑過去。泰耶魯的青年矢跑過去。
> 黑瘦的高山狗矢跑過去。
> 泰耶魯的青年矢跑過去。
>
> 我是一靜觀的松樹。
>
> 花鹿慌奔過來。泰耶魯的青年慌奔過來。
> 黑瘦的高山狗慌奔過來。
> 泰耶魯的青年慌奔過來。
>
> 松樹凝視著我。

　　詩中的「泰耶魯」即「泰雅族」之通稱。當年詩人曾在北部原住民山林區工作過，他首先聽到了林子裡傳來了聲音，以聲音引動人物，形隨聲現；以虛領實，實中有虛，把狩獵的緊張節奏、渲染出一種雄壯的氣氛。到了篇末與松的禪靜之趣非常巧妙地融合在一起，使它成為突現意境的「畫龍點睛之筆」，有引人入勝的

強烈藝術效果。泰雅人生活如此幽清真樸，怎不令人企羨！但詩的旨趣，是冀望都市叢林人也能不受色相的污染，保持禪心的清靜。再如 27 歲時，詩人寫下一首充滿哲學意味令人深思的〈基督的臉〉：

> 我的眼眶裡
> 沒有淚
> 我的汗珠裡
> 沒有水
> 我的鬍髯裡
> 沒有皮肉
> 我的鼻孔裡
> 沒有呼吸
> 我的嘴唇裡
> 沒有語言

　　「基督」是希臘文，意思是救世主。詩人卻只用了幾個簡單的比喻，流暢而淺近的語句，而有力地托出這個厚重嚴肅的哲學題：「因他受的刑罰我們得平安，因他受的鞭傷我們得醫治。」他運用對比與象徵的手法表達了基督的慈愛與對人的憐憫，藉以反映現代人對罪的權勢無知的程度。現實社會也許存在著醜惡的一面，但開悟之後的詩人卻一脈相承之前的哲人，要我們擁有豐盛的生命，也堅持人們應有愛、信仰與信念。其實喬林的詩歌主題有許多都是離不開苦難、離不開受苦的人。我們再看一個例子，比如晚期作品中的〈流浪漢〉：

他坐在龍山寺邊的花台沿石上
停止思想
無數隻人化裝過的腳從他的眼前
勿勿劃過

誰也不識他的存在
只有尚暖的冬陽
把他的身影張貼在身後的圍牆上
但也不過是半天便收了起來

他被走道上的喧嘩噪音
他被花花綠綠的人群禁形
他是一張政令告示
沒人閱讀

　　這是一首垂憫之詩，需要怎樣的哀戚心情與閱歷，才能寫出這樣的詩篇？這意態生動的人物形象，浸透著一種悲傷、悵惘的情調。詩人臨近流浪漢，見龍山寺邊車水馬龍，突發感嘆，因而將匆忙而冷漠的人群、冬陽、流浪漢的孤影為敘訴對象。這些視覺形象，有機地配合在一起，由近而遠，動靜結合，描繪得細膩傳神，寓意幽深，渲染出悲懷的意境。可從社會學和哲學兩個角度來理解。前者，詩人委婉地表達了對當道的社會現實與同情得到了宛轉有致的表達，而後者則生動地反襯出來對底層、草根階層的境遇、情感頗有關聯。在審美意象中，喬林的詩心成功地再現了客觀的自然美。

小　結

　　從詩藝上看，晚年喬林的詩更加注意意象的營造及哲思的內涵，詩人在創作中始終不忘根本，詩不離生活、不離開百姓，這是他詩歌不竭的源泉。一般而言，口語雖然能讓詩的語言變得活躍，但因時下許多口語是很粗糙的，所以需要對其文字選擇，並不是張口就能出詩的。然而，喬林的詩，口語用得極精巧，能真實記錄了自己的心路歷程，也從更高層次上去審視人與社會環境的關係；尤以對人物心理的揭示深刻生動，使詩歌能走進人心。應當說，他在詩歌發展歷程中，終其一生的理想與執著，有著頗深刻而特殊的意義。

—— 2011.5.27 作

—— 臺灣臺中市《海星》詩刊，第 2 期，

　　2011.12，頁 12-15

振鷺于飛

── 讀雨弦詩集《生命的窗口》

　　雨弦〈1949-〉，臺灣嘉義人，曾任高雄市殯葬管理所所長、高雄市仁愛之家主任、高雄廣播電台台長、高雄市文獻委員會主任委員、現爲國立台灣文學館副館長。曾獲全國優秀青年詩人獎、詩運獎、高雄市文藝獎、國際桂冠詩人協會獎等。著有《夫妻樹》、《母親的手》、《影子》、《籠中無鳥》、《用這樣的距離讀你》、《生命的窗口》等十多部詩集。

　　雨弦的詩，真摯無邪，是完全即興、自我潛意識的方式進行；他熱愛生命，對於環境的感受力特別的敏銳。詩題材始終沒有脫離對愛情、生死哲學與文化社會的關懷，能產生一種以藝術面對的力量。詩人曾說：「午夜夢迴，發覺老人院、殯儀館仍佔據我生命中極重要的位置；在那十年裡，我才真正體驗了什麼是人生。」按照此一說法，其創作意念在此階段增添了衍生、擴充的機會；如何來解釋特定時空下的詩主題，是另一種思考向量。

　　德國哲學家狄爾泰〈W.Dilthey〉認爲，哲學的中心問題是生命；他曾說，通過個人「生活的體驗」和對生命同情的「理解」，就可認識到文化或歷史即生命的體現。對離開殯葬管理所與仁愛之家的工作後的雨弦而言，詩的誕生是深植於時代情境中，因所見所思而有意無意地，藉著詩的轉移或替代的心理機制，把當時

的實況加以深描或想像,這些張力才是建構其詩藝特殊意義的真
正所在。重新審視雨弦的所有作品,除了早期浪漫的愛情、親情
詩外,絕大多數詩作的畫面都能表現出深層的感觸與思維;可從
以下詩中窺出端倪並加以印證。比如33歲時寫下的〈老榕樹〉,
成功地創造出照相記錄所無法取代的崇高藝術表達與價值:

> 樹公公真逗趣／他有好多好長的鬍子／不是黑也不
> 是白／他最喜歡風奶奶／只要她一來／他便忘我地
> 鑾著鞦韆／風奶奶走了／樹公公又回到了往日的寂寞

　　雨弦從老榕樹所給的直覺出發,在剎那間捕捉「風動,鬚根
輕搖」的美感;老樹走過了從前,走過了歷史,才有蔭庇大地的
雄姿。詩人保持自然的原來審美寬闊性,並施以思維即可很客觀
的將樹的聯想呈現出來;而風婆婆出現的擬人化手法,使詩具有
蕩漾與再次等待的趣味,有這個稟性,就是幽默的風格表現。再
如〈佛光山遇雨〉,妙喻紛呈,機語雋永,是一種超越的知識論所
衍生的生活哲學:

> 煙雨下凡／進入放生池裡／與龜魚們交談／進入不
> 二門／給菩提樹洗塵／進入大雄寶殿／敲響木魚／
> 我塵封的心情／乃胸懷唸珠／一路化緣托缽而來／
> 走遍千山萬水／把佛音散播／凡間

　　這裡,詩人運用在視覺心理學上最容易激起感情投射的辨識
形式,如煙雨、菩提樹、殿堂的木魚聲,作為畫面的構成語言。
從哲學角度講,接受佛學思想是雨弦詩學中心思想的寶貴組成部

份，對話關係、音律和聲是其具體展開。此詩由「法性本淨」的觀點出發，構建起一種期勉，能涵容出詩人謙虛的胸懷，末句，佛音彷彿迴盪在空中。一般而言，意象疊印的結構方法，可以使平淡的意象通過疊加而展現新奇之效。雨弦的〈老人院〉也使用了這種方法，經過疊印處理讓詩人的主觀情志把它外化出來，意象力度極強，流露出詩人對人世滄桑的深沉感慨：

　　影子，影子，影子
　　影子，影子，影子

　　緩緩移動著的
　　西天的彩霞
　　我無法
　　挽留

　　「老人」、「影子」、「晚霞」等意象疊印中，分明有詩人的情感之潮在湧動，能表達出一種失落感，傳達出老人落寞的情懷。這也是詩人心靈游盪的過程、淨化的過程。也許在老人眼底，無奈是註腳。人海中浮現的親友瞳孔，於美麗的彩霞下，只不過是個湛藍的瞬間。在欣賞其意象美的同時，還要欣賞其意象創造中的智慧。雨弦的微觀世界與宏觀世界在靜照中合而為一，創造出有限中藏大千的境界，也表現了對老人們的撫慰和祈願。

　　對新詩創作懷抱高度熱忱及憧憬的雨弦，常把深情植入特定時空之中，時而表現出詩人童心的意象化，在功利主義的當今是難能可貴的。他也是位睿哲，詩歌裡的思想深邃，包羅萬象，清雅而真摯。中年後他一邊勤於工作，一邊寫詩，裡面有更多的生

命的感悟和悲憫；詩風趨向於平和和寧靜，既有鄉土的芳香，又有知性的光芒。不論是感事傷懷，或幽默諧趣，感情的直抒轉化為意象的傳達，均注重鮮明的意象和優美的意境。

比如〈撿骨〉：「幾斤幾兩／你還計較什麼呢」，文言精簡，義理深奧。暗喻人生苦短，只是個過渡；這裡呈顯出雨弦生死哲學的核心內涵是：憂心與死亡。然而，無論憂心如何蟄伏於人生命根源處，詩人要表達的是，人既不執生，也不用懼死。這有點類似佛家說的，若不斷除我執，生死無有了期。惟有泰然走過人生的歲月，不計較心，就放的開，就寬心。近年來他更積極於詩壇及教學上作出新貢獻，詩人恰如振鷺于飛的光影也就變得更柔和了。

—— 2011.6.1 作

—— 刊登台灣《文訊》雜誌，
第 311 期，2011.09

重生的希望

── 李瑞騰詩〈坎坷〉〈流浪狗〉的再解讀

詩人掠影

　　臺灣著名學者李瑞騰〈1952-〉，是土生土長的南投人，成長於農村卻活躍於都市的文學博士。曾任中央大學文學院院長、《文訊》雜誌總編輯、中國古典文學研究會秘書長等職。2010 年 2 月起接任國立臺灣文學館館長，積極推展臺灣文學等文化性的公共事務。30 多年來著述不輟，詩集、散文集、文學評論集 20 餘部，並編有 20 多種各類書。李瑞騰在高中時代即有創作才氣，畢業後，不管在教育界及行政、文藝界，除了爲台灣文學默默耕耘外，亦勤於筆耕。其新詩思想容量大、有著反傳統的藝術表現手法，尤以注重「意象性結構」爲特點，擅於從意象系統入手，抒情而思辨、簡潔而內斂；隱喻奧妙，能成爲真正的精神體現，使詩中交織著極致的永恒的魅力。

詩魂的審美意蘊

　　李瑞騰曾表示，在台灣這個地方有這麼多人寫過這麼多那麼

好的文學作品，卻長期沒有受到應有的重視，因此決定接下台文館館長的職務，期能爲台灣文學做更多事。今年六月四、五日兩天舉辦的「榴紅詩會在府城、台灣詩歌節」活動中，有幸觀賞李瑞騰帶頭吟唱自撰的「坎坷」詩作，歌聲渾厚，真摯感人；其對災變後生存狀況的反思、借助通感產生的延深和意象的變形粘貼等方面的表現，有著震撼觀者視覺的力度。畫面中最後一字排開的，已能掌握空間的深度；除了給讀者一種延伸的透視感，也突顯了詩人對於罹難者關懷的情衷：

> 牽你的小手
> 走那漫漫的回家路
>
> 揚起塵埃
> 是一朵朵惡毒的花
> 瓦礫堆中
> 幽黯地底
> 有我慈愛的媽
> 還有
> 我的妻
>
> 牽你的小手
> 走那漫漫的坎坷路
> 漫漫
> 漫
> 的
> 坎

坷
路

「塵埃」、「瓦礫」、「幽黯」、「惡毒的花」四個意象系統的演進有著生動、緊密、牢固的關係，與哀痛裡的悲劇氣氛，具有強烈的動感，令人神傷。它們所要表達的基本思想是，災變不僅毀滅人類的物質生活，更多地摧毀了人們的信仰，生存者在一片斷垣瓦礫之中，仍試圖透過死亡已成為一種願望、尋求靈魂復歸之路，來獲取希望的微光；而人類永恒的愛就是祖地重生的希望，因而進入了一個新的境界。由此入手的解讀，可以避免傳統的感悟式或詮釋式解讀可能引起的困惑。

在人物形象間的描摩，李瑞騰習慣以一貫沉思默想的姿態進行觀察。他在畫面的空間結構更多的是真實的背景，而不是漫無目的想像空間；其和諧的注意力，是通過簡潔和自然來實現的。如另一首他創作的〈流浪狗〉形象，不想僅僅涉及普遍性故事，而是要揭示其中的真理：

　　我原只想流浪
　　那年在公園西南一隅
　　路燈黃昏啊
　　母親日漸乾涸的乳汁
　　微弱的呼喚聲中
　　注定了我一生的飄泊

　　究竟走過了多少大街小巷
　　在車陣中驚慌的閃躲

在覓食中和同類戰鬥
在人類的追捕中逃竄
我終於跛腳走出
這將被宣判死亡的城市

灰濛的天空中輕飄細雨
南向或北進
那裏是我出走的旅途
順著這條污濁的河流嗎
我想起了母親眼角的泪珠
我泣血的心啊一片茫然

就這樣走上了人類的交流道
眼前會是通往淨土的高速公路嗎
我沿著內側緩緩而行
雨是停了
陽光仍無力穿透雲層
咆哮而過的是什麼樣的怪獸呢

一個同類在不遠處躺了下去
我奮力奔跑起來
和整個天地競走
終於以肉身鋪繪一地繁花彩圖

　　畫面一打開，背景是不隨時間變化的灰濛的天空，前景是一
隻跛腳的狗、正在演出一部辛酸的悲劇。之後，雨停，然而無力
的陽光、交流道、高速公路的巧妙交替，安排得十分和諧；最後，
流浪狗的臉部及姿勢很有表現力，而被車撞成「一地繁花彩圖」，

也使影幕有了一定的深度。這裡，充滿對流浪狗的悲慘人性的隱喻，抒發出苦澀、磨難、與現實搏鬥無奈的情緒，空間與時間聯繫密切，具有純粹地象徵和暗示的價值。首先，美產生於精神物質的統一中；其次，美產生於愛 —— 感性戰勝無理性的力量中。這裡，偏重敘事和敘事的節奏，也顯示了詩人探索內在的感情，在描繪一隻受傷的狗如何在現實下生存，其清晰的輪廓，已能喚起流浪動物可視的形象與悲憫的感思。

壯筆抒豪情的詩人

　　李瑞騰出生於務農為生的家庭，童年幾乎與自然為伴，過幽靜而悠然的生活；讀大學階段若面臨繳了學費就面對沒有吃住的窘境時，最愛做的事就是鑽進圖書館貪婪啃食典冊，藉以忘記貧窮饑餓。由此可見詩人在特殊年代的心路歷程，但是儘管處在貧困境遇裡，他也沒有悲傷，而是在圖書館一角落裡更頑強成長。他的詩蘊涵哲思，但智性的哲思又隱於藝術的詩意象的雙重閃光之中，與之融合為一，新鮮純淨。也許，因工作忙碌，他近來確實少寫新詩作，但是，不管怎樣，在我看來，他對生命的追求和把握，面對自己的詩思，能跨越到宇宙洪荒；他對現實的扣問，詩質很堅實，頗能引起讀者的共鳴，對於這樣富有才情的「行動派」詩人，自然產生了越來越大的敬意。記得屈原的《離騷》曾提過：「路漫漫其修遠兮，吾將上下而求索。」希望他的詩走進更多讀友的心中，也希望李館長在詩歌之路上奮進高歌，永不止步。

—— 2011.6.7

—— 刊登台灣《乾坤》詩刊，

第 60 期，2011 冬季號

人生感悟的意象化抒寫

── 鍾順文的〈六點三十六分〉

詩人素描

　　鍾順文〈1952-〉，原廣東省梅縣人，生於印尼雅加達，8 歲時舉家來台；曾任記者、造船廠員工、掌門詩社社長等。由於職業的需要，與社會有了更廣泛也更頻繁的接觸，更拓寬了他的眼界和胸襟，為他提供了創作的源泉。曾獲八十七年中國文藝獎章新詩創作獎及多次高雄文藝獎及台灣省「全國優秀青年詩人獎」等殊榮，著有詩集及散文集十餘部。詩集題材豐富多樣，有對社會寫實的象徵表現，如〈豆花歲月〉、〈長街〉、〈曬穀場〉等；也有對藝術美感的執著追求〈放一把椅子〉、〈海鷗〉等；有對日常生活的真切感受，如〈新安平追想曲〉、〈逛街〉；有對純真愛情的朦朧體驗，如〈火蕾〉等；也有對人生理想的癡情嚮往，如〈扯鈴〉等，所有這些，都有可取之處。早期詩作帶有初涉人生、一種孩童般的新奇與極致，中年作品偏於形象地揭示出富有哲理的詩思，晚期作品則潛藏著思考的智慧之光，以追尋精神世界的統一為外在表徵；其執著追求的性情與始終抱持著「創作就是要創新」的觀念，支撐著鍾順文整個的詩藝世界。

詩藝的意識與追求

　　鍾順文除了重視詩歌格律的音樂性，也擅於通過意象組合來實現詩的集中與凝煉。比如今年六月四日於台文館「榴紅詩會」晚會上，詩齡逾33年的鍾順文在現場以四種不同語言（國語、台語、客家語，印尼語），並配合動態表演的形式朗誦這首28歲發表的詩〈六點三十六分〉，贏得許多掌聲，而予我感受特別深切：

　　　我走過鳥的驚叫
　　　想什麼，甚麼也不想
　　　六點三十六分

　　　我把影子埋在土裡
　　　做什麼，甚麼也不做
　　　六點三十六分

　　　我把自己送入影印機
　　　影印機也把我送入資料簿
　　　處理什麼，甚麼也不處理
　　　六點三十六分

　　　我結交命運
　　　命運等著我
　　　求什麼，甚麼也不求
　　　六點三十六分

　　從一定意義上說，此詩意象純度很高，詩的時空是流動的。作者以靜虛之心觀物，「鳥的驚叫」就打破了人與物的界限，也打

破了心靈與現實時空的界限。再寫「影子埋在土裡」，暗喻時間的飛逝。第三段裡，影印機與資料庫相照，意旨生活蒼涼中又透射出達觀。最後一段，可以看作是對詩人直面人生之路的情志寫照。詩裡蘊藏著頑強生命力的藝術基因，它以象徵意象表現了詩人對社會人和自然人的生存狀況的反思。詩的精神在其內在的音節具有迴腸蕩氣的情感旋律，意象更加豐富與典型。通過反復排比式的詩句直接對生活中的激情進行理性的冷處理，使它轉化爲詩情，讓它滲透在富於暗示性的詩句之間，貫注在嚴謹的形式之中，藉以表達出不同時間、不同地點或不同日子裡的人生境遇與詩人感情的起伏波動。他摒棄西方象徵主義詩歌感傷、頹廢、晦澀的內涵，改以獲得閱讀快感的基礎上，進行創造性的轉換；其流露出的感情，應該是新鮮的，朝氣蓬勃的，也有時代的精神。

小　結

　　詩人羅青曾說：「鍾順文沒有濫情得隨便在詩中加進廉價的憐憫，也沒有故意加入一些公式的抗議。他只是平靜的觀察，綿綿的同情，體會每一個人在不同遭遇中，可能擁有的相同境遇。」這顯然是指詩人擺脫了浮躁和淺薄的寫作心態，而他的寫作經驗是在刻苦中得到的，也只有歲月的磨練能使其臻於成熟。當然，鍾順文的詩也有不少沉思之作，選擇研究此詩之因，是詩人以靈動的意象語言坦現出他的內心世界，帶著感情生活的印痕，也成功地拓展了詩歌的時空。詩人的身姿如一個行走的歌者，其心靈展開的翅膀在幽遠的時空裡翱翔……

　　　　　　　　　　—— 2011.6.8 作

　　　　　　　—— 刊登美國《亞特蘭大新聞》，2011.06.10

崇高的樸素

── 讀《高準游踪散紀》

孤松的風範

高準（1938-），上海金山張堰人，23 歲畢業於國立臺灣大學，中國文化研究所碩士。赴美國、澳大利亞悉尼大學進修，悉尼大學東方學系博士班結業。獲選爲英國劍橋大學副院士，曾任悉尼大學高級講師、美國柏克萊加州大學研究員、美國愛荷華大學國際榮譽作家，曾任中國文化大學教授，詩潮詩社社長兼主編等，詩作入選《百年中國文學經典》等數十種選集，現自行寫作。高準一生樸實無華，目光堅定無私。雖然他的孤高性格使他很孤立，但這反而使他把精力都用在學養上；除了寫詩、散文，也從事教授及出版過文學批評與繪畫史研究等著作。

《高準游踪散紀》是部兼備美學和文史價值的散文著作，能真正從中汲取出思想的寶藏，精湛的文字涵蓋著作者旅遊的意趣及對有關人物的印象；能強調愛國的熱情，對自然現象的多變之美也十分敏感。認真細致地品味其作品，我們便會感受到一個思想者對於人生的體驗與思考；彷彿融入一種抒情的、象徵的優雅風景畫，這也正是作者內心情感的一種幅射，更忠實地表現現實。

本書在內涵方面，無論愛國、憂世、愛情、親情、友情，或對動物與生態的關懷與悲憫、對人類前途的感歎、對暴政的抗議、對歷史人物的敬仰、對歷史滄桑的緬懷、以及對山水自然的寫照…，莫不有優美的篇章，使讀者有如臨其境。

理性的明晰　似畫的文朵

　　高準的散文題材可謂豐富多樣。如卷一「少年遊」〈春的腳步〉末段所述：「心靈與心靈攜手，飛向無盡的藍天，飛向綿綿的草原，……啊，心靈與心靈擁舞。春日的陽光呀，灑遍了每一片自由的土壤。」其歌詠大自然愉快清新的表現，可以說是高準取之不盡的靈感源泉，也使得詩人的青春姿態躍然紙上！〈霧社盧山記〉是詩人從心靈深處自然迸發出巨大的熱情讚美了盧山：「…這是一面不須拭擦的鏡子，將照澈你疲倦的靈魂；是一個不識榮利的少女，帶給你絢麗而永不破滅的幻想。」在這樣的境界中，我們清晰地看到了一個滿懷浪漫豪情的詩人形象。〈史克蘭溪畔一夜〉的作者進行生動形象的描寫：「…人怎能征服自然呢？征服了自然，就失去了自然。失去了自然的人是什麼呢？怕只是一塊塊污濁的有機體罷了。」文中感情真摯、激昂，他是以一個默默的探索者的姿態進行著與自然的對話，然而又是深沉有力的，也只有這樣的思考才有審美價值。

　　在卷二的「畫廊散步」裡，高準於旅美期間先後參觀了美國國家美術館、紐約博物館、古根漢博物館，對館內畫展的考察或畫家的評介，以詩性的筆觸標示出對中西藝術論述的一種高度。除瞭解到法國高更（Paul Gauguin）是他心愛的畫家外，作者對畫家何懷碩、劉國松及一起習畫的友人文霽的畫評，均憑借著敏銳

的藝術直覺與豐厚的美學底蘊，寫出了具有前瞻性的觀點，文字中可以表寫出空間的形相與色彩。在形式方面，高準則作了更多的嘗試，新詩外也有近體詩，比如卷三的大陸紀遊詠史詩十三題裡，包括五言古體〈訪伯牙台〉等、五言律詩〈登泰山吟〉、七言律詩〈謁大禹陵〉等、七言絕句〈重到西湖二首〉，另還有自創詞體、民歌體、商籟體、雙行體等，亦有多種不同字數的齊言體，可見他是怎樣充分運用了形象思維來表達。

　　〈燕京散記〉裡，高準走訪北京天安門、北京大學、故宮，登上了長城，情不自禁地想起自己寫過的一首《夢登長城吟》：「千山萬水此登臨，獵獵天風金鐵鳴。／北瞻瀚漠峰如海，南望中原氣象森。／塞草黃沙千載意，振衣長嘯老龍吟。／秦皇莫道功名烈，直欲揮鞭下庫倫！」他的深邃目光抽象地揭示了思古幽情的人生內涵。此外，高準也走向泰山、訪問了山東農學院和泰安師專。然後他朗誦了一首 1969 年底之作〈念故鄉〉，這首詩我在《高準詩集全編》找到了，詩是如此純淨，如此寬廣，使讀者能深入地體認其情感熱度。高準詩歌藝術的淵源是豐富複雜的，這與他所處的時代環境及求學經歷都有密切的關係。出身於書香門第的高準，受過民族傳統文化的薰陶，對童年居住的中國自然有著深厚的情感。那如母親般溫柔的故鄉，直讓作者張開臂膀，直想雀躍奔跑其間了。在最後一段詩裡，他吶喊道：「故鄉呀　我喊您的名字　寫你的名字／而你是聽不到的　你也看不到我的詩／但終究我只有愛你呀愛你／因為我血管裏呀也只有你的血液」，作者將思鄉之情壓抑在心靈深處，忍受著痛苦的情感煎熬。由於他博采古今中西藝術文化，因而融合創造了一個豐富多彩的散文天地。其中，〈念故鄉〉、〈中國萬歲交響曲〉二十多年來為大陸詩壇所歌頌，並於 1979-2001 年間，由第一版《葵心集》歷經增版及改編

四次而成《高準詩集全編》，讚美的呼聲不歇。再如 1983 年，高準於加州柏克萊寫下〈長江行腳〉末段：「莽莽山河，蒼蒼煙靄，似乎在沉默的等待著，等待著一個新的希望……。」作者將一種愛國的憂思貫穿於浩瀚的宇宙，既抒寫了情感，同時又滲透了理性的認識。

　　另外，卷四裡，高準對先妣事略等文中人物的形象極為用心；其母親擔任前聖瑪利亞女校〈今改名聖約翰技術學院〉董事 33年，父親高啓明為著名都市計劃學家，祖父高平子為中國現代天文學的開創者，而外祖父姚光〈或稱石子先生〉，是清末民初的詩人。作者對其撰述都作一番認真的梳理，這是高準對文壇作出的新貢獻。晚年的他，不論生活如何艱辛，創作與閱讀成了能表現崇高和精神自由的手段，如〈悼念一隻小野貓〉：「一隻小野貓，這樣可憐的生存著，卻仍不能久活。…」此文包含著豐富的含義，並將人與自然、死亡與永恆，個人的孤獨與哲思，成功營造出他哀悼野貓之死的哀傷氣氛。其他作品有文學論集、詩集、繪畫史等多種。其散文能表現出浩然開闊的襟懷和清高德操，情感濃郁，總能讓讀者獲得藝術的美感享受或感悟出某種人生哲思。

散文之精蘊　敲擊人心

　　《高準游踪散紀》所要傳達的是個人情志的抒發和感情體驗，主要以追緬及行走各地藝文、山水景物，表達出知識份子的覺知，或蘊涵著情思和感慨；其中穿插於文的舊詩，其藝術性也是作者的匠心所在。如〈讀耶律楚材傳二首〉〈七絕〉之一：「治國安邦代有臣，勝殘止殺始難倫；行仁去暴千秋業，青史悠悠唯此人！」高準對蒙古帝國時期隨成吉思汗從軍參政，官至中書令

（宰相）的大臣耶律楚材十分崇敬。因耶律楚材對蒙古族的漢化做出了突出貢獻，他數度以仁心勇略化除暴行，使蒙古不再實行屠城之舉，令高準於大陸遊歷其間，特前往謁見耶律公之墓。由此足見高準對歷史人物的理解是具有遠見卓識的。

　　高準的祖父是國際著名天文學家高平子，1982年，國際天文學聯合會決議以月球上的一座環形山命名為高平子山。當作者50歲返鄉參加高平子百年紀念會於上海、青島兩地舉行後，他順便走訪曲阜，翌年寫下〈謁孔子墓〉，收錄於此書大陸紀遊詠史詩十三題中。詩語氣壯情逸，有智性和藝術性的哲思，在第三段裡寫道：「文化的爐火啊由您而燃亮／代代呵輝耀着是禮樂詩書／您教導著什麼是仁心仁術／惟不憂與不惑能不懼險阻」作者把孔子悲天憫人的仁者風範及孜孜不倦的精神，盡入詩中，而延續中華文化任務才是高準博大精深的思想內涵。雖然今年已73歲的高準，但筆耕不輟，年初傳來正欲出版的《高準遊踪散記》裡的一篇〈悼念一隻小野貓〉。在文中，我看到了他生活困窘的一面、與小貓間真情相依偎、人性的光輝與靈魂痛苦的呼喊。今年文藝節收到此書後，在唐山出版社陳隆昊社長的協助下舉辦了發表會於文協，實踐了高準自己的這一理想。

　　高準一生曾放射過燦爛奪目的光輝，45歲時，大陸出版過他的詩集，聲噪一時，因為是大陸所出第一本當代臺灣的個人詩集。51歲時還親赴大陸要求釋放被拘捕的臺灣民歌手侯德健，獲得成功。後以簡樸方式數次隻身到大陸漫遊，足跡遠抵帕米爾高原。他在39歲時曾創辦過《詩潮》詩刊，第一集遭人誣陷被查禁，後繼續出版，共出七集，由武漢中國當代作家代表作陳列館所收藏。43歲訪遊大陸後，他以詩抒發情志，以散文寫出現實人生的真善美及瞻仰中國山河的感慨。這本《高準遊踪散記》充分展出他的

特殊才學，舊詩或古文皆有音外之韻，象外之旨；文字雅潔，耐人尋味。閱讀時，也有一種靜謐的喜悅、一種敲擊人心的力量。他對愛情期盼著「永恆、純一」，是如此的純粹、堅持，對民族之愛的熱忱，讓人看到了他直想創造光明的內心世界的一面，也看到了文章裡煉意成象的藝術功夫。這種努力飛翔的孤影，恰恰也給了我很深刻的印象。

—— 2011.6.21 晨

—— 刊台灣「國家圖書館」《全國新書資訊月刊》，第 151 期，2011.07

左起：司馬中原、高準、林明理、綠蒂、鍾鼎文、
向陽〈照片提供/由林明理〉

生命的沉靜與奮發

── 淺釋白長鴻詩三首

其人其詩

　　白長鴻〈1952-〉，滿族，下過鄉，當過兵，從過政，曾任 16 集團軍某師政治部組織科科長等職，現爲遼寧省瀋陽市文聯主席。八十年代開始，詩歌、散文、小說常見之於文學期刊。今年三月出版詩集《今日西湖無詩》，收入了詩人近年來創作的 30 餘首詩作以及三篇讀詩隨筆，分爲「短詩方陣」、「組詩系列」、「擬古點點」等幾部分。

　　白長鴻是個能直面人生、有血性的悲憫詩人；其詩歌結構宏偉、意象和諧，它的全部題材是源於心靈的，十分重視詩歌的主觀抒情，能真實記錄下自己的心路歷程，也關注著直接反映民間疾苦且看得見現實清晰的印痕。在「組詩系列」中，他盡情抒發了對祖國河山的熱愛。如震變後，詩人那顆燒碎的心，是隱在的；身爲官員仍不忘百姓之磨難，感同身受的筆觸，能調動讀者的心靈通感，可嘉也。可喜的是，在「擬古點點」篇文裡，也展示了白長鴻對舊詩創作的才情。

形式與美感表現

今年四月三日沈陽市文聯主席白長鴻率領《詩潮》主編秀姍、《盤錦詩詞》著名詩人薩仁圖婭及齊世明、王斌、李輕鬆、孫擔擔、劉川等一行人來台訪遊。有幸收到詩集《今日西湖無詩》，一氣讀完後，感覺他的詩，既柔美又剛烈，意象鮮亮動人；彷彿可以看到他健康的、磊落的內心世界。我尤喜愛其中的一首〈奢侈的覬覦〉，可以看到詩人已經熟練地運用比喻、暗示、象徵等手法，採用意象表達出對愛的嚮往或者是清純如荷般的思情。他寫道：

> 睜開眼睛就能看見你
> 無處不在的
> 現在卻很難見到你
> 無處不在的
>
> 你埋藏著遠古的印記
> 這印記已成為今天的標識
> 你抖落著昨天的風雨
> 水珠中嗅得出往日的泥濘和氣息
>
> 你總是那麼固執
> 一如既往地種植著綠色的希翼
> 當希翼繁衍成現實
> 你卻躲進了難以見到的角落裏

> 失去的時候更懂得珍惜
> 離開以後更想再見見你
> 儘管這念頭很簡單
> 現在卻成為奢侈的覬覦

　　此詩夢幻色彩極強，引出「宇宙無限，人生有限」的無數感慨。而人生幾多遺憾，詩人重拾刻骨銘心的記憶，祈求由回憶得到靈感，向讀者說出隱含的訊息；另一方面，他也提到馳騁穿梭於往昔的自然景物的想像力，進而瞭解到詩人如何直接了當地道出他的愛與浪漫的追思，進而描繪出烙印於心靈的「歡樂」，其實使他受到煎熬與等待的痛苦，這裡，已提昇了抒情詩的深度，也使意象更為純淨。

　　白長鴻詩歌的意象廓線深遠，色質雅潔。比如這首〈月亮河〉，就像是幅寫意的山水畫；基本上他沒有刻意描摩月亮河的構圖，而是藉由帶有音樂圖式的語調，使得主題意象千姿百態，涵蘊豐厚：

> 月亮上邊有一條河，
> 召喚著潮汐的起起落落。
> 我只知它永不疲倦地呼吸，
> 卻不知到底為了什麼。
>
> 月亮上邊有一條河，
> 這才有了人間的悲歡離合。
> 我懷疑蘇東坡那晚真的酒醉，
> 怎會清醒地知曉歲月蹉跎。

月亮上邊有一條河，
用折斷的桂枝划出浪波。
假如我在這河中蕩舟，
還要借一縷清風徐徐娑娑。

月亮上邊有一條河，
會不會是嫦娥丟下的玉帶青羅？
我真想繞著它去看個究竟，
哦，讓奔月成為新的傳說。

一開頭，如晨露般潔淨的詩語，令人過目難忘。詩人對月亮難以自禁的浪漫情感，始終貫注著傳統詩歌文化的意韻，此詩鑲嵌著許多古樸典雅的藝術意象，如蕩舟、嫦娥、玉帶青羅、奔月等等，從思情到詩藝進行了自覺而圓滿的有機融合。另外，畫面留白浩蕩，最後漸漸漸做出奔月傳說之夢，不僅達到平遠之感，也作出空間深遠的意象，如桃花源境的安排。後段出現玉帶青羅，河上有點點帆船、徐徐清風，使人心胸開闊，忘俗慮而跟著徜徉於月亮河。詩人的隱逸自在，與月亮河平靜對話的連結，能展現極佳的美感，讓畫面非常精彩；詩境與畫境相映成趣，展現給讀者的是，一片曠闊悠然的心靈空間。

詩人先要有詩情，筆下才能有詩意；名詩人郭沫若也說：「詩的精神在其內在的韻律〈Intrinsic Rhythm〉」〈註 1〉。白長鴻在詩風上十分注重寫實，繼而崇尚抒情；其所強調的在廣闊的心靈空間中追尋一種高格脫塵的精神活動的表現。接著介紹〈殘曆碑下的腳步〉，是首極富音樂美感的愛國詩篇：

天底下最薄的日曆
翻到這一頁
也會化作石頭
眼淚已經凝固

天底下最硬的心腸
走上這條路
也會回頭流連
白髮蒼蒼的父母

那是養育我們的故土
那裡有祖祖輩輩居住的草屋
從這裡走過多少行腳
帶走多少洗刷不去的恥辱

把恥辱刻在石頭上
讓子子孫孫記住
這是一個民族的睿智選擇
歷史是一部打開的書

我不止一次來到這裡
已經看不見
滿山遍野的大豆黃梁
身邊，響起無數的腳印

　　畫面開端「殘曆碑下的腳步」，喻寫著堅持頑固的人，在內斂的姿態中展示出生命的力量。詩人在不加偽飾的靈魂裡，是那樣的孤寂、痛苦與哀愁。當作者繞過殘曆碑廣場，一幅《國難》浮雕躍然於眼前，1931 年 918 事變，日本帝國攻占中國東北，屠殺、活體實驗等殘無人道的畫面、那段水深火熱的歷史，是一段讓中華兒女永遠無法忘卻的血淚史，也讓白長鴻的心靈受到強烈衝擊和震撼。最後一節中「身邊，響起無數的腳印」是非現實的，是心靈對外間事物的感應，出現出詩人精神的震動。他把詩思化為意象，用簡潔不多修飾的語言呈現出詩人之襟懷。讓我聯想起蘇軾題《望雲樓》：「陰晴朝暮幾回新，已向虛空付此身。出本無心歸亦好，白雲還似看雲人。」這不是從一己出發的悲痛，是屍橫遍野的戰場，觸痛了詩人的眼睛；其對歷史的大悲懷與一腔熱血，已存在著正面抒情的美。

小結：宏觀社會的詩人

　　《今日西湖無詩》是白長鴻今年出版的一部力作，字裡行間簡潔明快，有著對土地及人民血肉相連的關懷、有歌唱生命的成熟與美麗，能從沉靜中期待奮發，也能表現出身為中國人的偉健人格和氣魄。在詩藝探索中，能展現古代與現代相映照；其組詩「從奧林匹亞到珠穆朗瑪」，在一定程度上豐富了他的情感表現方式，其中第一首〈奧林匹亞的女祭司〉被選入《2008 奧運詩選》，作者把女祭司在聖火採集儀式上表現非常出色的意象，賦予了豐厚而深刻的社會意義，讀起來節奏也是綿長的。〈第三女神的面紗〉的最後一句寫道：

一個剎那是為一念
一個彈指是二十個瞬間
透過第三女神的面紗，我感悟到了
剎那也包含永恆，人類精神鐫刻著永遠

這裡，則抒寫了詩人對中國主辦奧運真摯而強烈的感動之情，這就是白長鴻詩歌的力量，也是很有見地的論斷。從總體上看，他的象徵詩的意象體系也洋溢著極為濃烈的中國文化氣息，讀他的詩，越能顯示出白長鴻追求民族精神與愛故鄉的難能可貴，作品的感染力也越來越強烈了。

註 1：郭沫若：《論詩三札》，《郭沫若全集》，文學編第 15 卷，人民文學出版社，1990 年版，第 337 頁。

　　── 2011.6.22 作
　　── 刊登遼寧省《中國詩人》（雙月刊）
　　2011 年第 5 卷 10 月

一位勇者的塑像

── 讀《古遠清這個人》

　　研究臺灣新詩著名的評論家古遠清，畢生奉獻於教學與創作。印象中，古氏為人溫厚儒雅，一向熱心參與研討會活動，為臺海兩岸所敬重。他胸羅逸氣，且能自出機杼，成一家之學，落筆有過於人者。

　　如果說，遠清老師這樣的文豪在撰寫七十自傳時幾乎很少提及我，是不足為奇的。即使偶而提及曾與來台的詩友共遊的美好記憶，是僅存的一面之緣；然而，這並不影響他對當代新詩史所作的貢獻，及在我心中永恆的勇者塑像。或者說，其所建構的詩論，是其畢生信念的理之所至。回想起，初次會晤於遠清老師隨團參訪於高雄，並遊歷的交談中，他的理想、抱負、韌性，擴充了我的眼界，也使我深入的反思 ── 這趟阿里山之旅對我而言，是具有重要意義的，因為他成了我後來常相繫念的「恩人」。

　　阿里山開發不過二十多年，山林幾乎因過度開發而改觀了。以前是原住民賴以為生的小鎮，溫馨且有人情味；而「八八」水災等土石流的殘留樣貌及痕跡令人平添幾許傷感。遠清老師似乎特別感慨這大自然破壞力量的一切，我也捕捉到他對擁有自然資源理應珍惜的另一面溫柔的眼神及期許。

　　每當夜深靜極，燈下的我，偶會想起遠清老師濃郁的客家鄉音、幽默的笑容。

　　雖說，他存有率真的個性，不慣於矯揉造作，然而，創作力

旺盛的他，對自我的要求其實頗為嚴謹。他常運用些創新語言的文字，訴說不同的評論篇章。記得有一次，他曾要我為其新書《臺灣當代新詩史》寫篇評論，當時，我寫書評的意識初度萌芽，然而，我斗膽的批評之聲，他卻一字不改地逕寄《湖北作家》刊登，也讓我明瞭到他謙遜、包容的氣度。他對新詩研究所灌注的深深感情，沒有浮在表面，而滲透到我感恩的心中。

自 2009 年夏，遠清老師為我寫下了第一篇書評《一支浪漫的笛琴》起，到翌年又寫下新書評《她繞過了多烘式學院派泥潭》及《為詩人雕像》至《兼備學術性和普及性的一部力作》，我始終能感覺到我們「師徒」二人命運聯繫的存在。無疑地，寫出優秀的評論已成為他心靈中開闢的有機園地，並以此通向人生與社會；因此，他的卓越成就，更屬當然。

很多人為遠清老師長達 40 多年來對新詩、文學研究及寫作的執著不免感到驚奇。尤其他那種幾乎是毫無休閒時間的執著，不僅表現在簡樸生活的自我要求，更表現在喜愛藏書上及瀏覽大街小巷裡二手書店、挖寶式的自娛中，令人不禁莞爾。如今，當他的頭髮已漸稀疏，不似當年瀟灑自如之貌，他終於想到屆滿七十後，決定好好檢視自己一生的創作。由思想豪邁不羈而趨於沉潛的他，居然也要我寫下對其「印象」短文。這恰與他熱情創作的歷程相符，他的確是「難得」的才子；而後學的我會永遠記得他生命的內涵→原是單純地享受閱讀之樂。他表現了身為中國學者在艱困的寫作境遇裡，仍不放棄對創作的渴望與超越自我的追求，是遠清老師不與人知的真實總貌。

—— 2011.1.6 作

—— 收錄《古遠清這個人》賈貞編，
　　香港文學雜誌社出版公司，2011.08

—— 刊登廣東省《遠清日報》2011.8.25

多彩的詩藝選擇

—— 讀許水富的詩

逸雅的詩骨

　　許水富出生於金門縣浯江邊境小鎮，國立台灣師大藝術學院畢業、美研所結業。曾任編輯採訪、廣告行銷、文字工作、書畫創作、現職中學教師。文學著有《叫醒秘密痛覺》詩集、《許水富短詩篇》、《孤傷可樂》、《多邊形體溫》及《創意發想設計》、《POP基礎》、《廣告學》、《工商專業書法》、《字魂》等數種。多年來，許水富在詩藝上不斷尋求變革；詩集也注入了許多書畫、平面設計的藝術因子。無論是宏觀地展現深厚的人道主義的感情，還是微觀地剖視對社會與生態環境的悲憫，其詩的核心是求將意象敲醒，並善於把哲思融於形象；震動讀者心靈的是它面對這一切發出的生命吶喊，都叫人感到詩人生命脈搏的撲動。

　　在許水富的詩世界裡基本上以個人情感的抒發為依歸，也有具象、抽象、超現實等意識；他不喜歡拘泥於形式，既有理性的思維又得以嗅出時代的氣氛，引發聯想，是台灣第一個出 POP 專業書籍的人。很明顯的，詩人從《叫醒私密痛覺》延伸到《多邊形體溫》，其中隱藏的是他懂得運用視覺藝術的專長，將詩學語句

與書畫圖像的、手法的、技術的編排所結合爲詩集的有機關係。從設計角度來看，詩人正是以自身生命的粹煉，來尋求詩藝的突破；繪畫書法的創作隨心境的自然流露而日益累積。《字魂》書裡對文字筆畫的另類釋義，氣韻生動，含帶率真揮灑的意趣。至於詩題材方面，多鄉情的、寫實的、感悟的，在詩筆的神奇點幻下，哺以畫面深情的視境。顏色和聲音一樣，可以撥動、激發出情緒。許水富向來偏愛以黑色爲主調，善於感覺藝術中那些正在向前進的、幽暗的光點。也許上蒼就是要他在書畫的結合上，幫助他在腦海裡形成了詩美意趣的胚胎；去營造一種沉默、抽象而自由的愉悅，這才是許水富所熱切盼望的。

詩選賞析

　　許水富幼年，父親負笈南洋工作，家裡七男二女全由其母一肩扛起。在《孤傷可樂》書中，若不是其母以 98 歲高齡過世後，詩人寄予一種原始的，存在於人和鄉土間的緬念，一種依附在詩的超越性之上的認同，是不可能寫出這樣的詩心，凝聚這樣深刻的力作。換言之，詩人提供讀者一個「時空」，外在的世界會逐漸走向深邃內在，許水富以詩爲一種心靈的歷練。如〈短短的私私竊語〉，不僅看到詩人追念母親的思維心緒，更可以見到詩人自身的生命成長歷程。其悲傷的吶喊，優美得有如音調，訴諸情感的意味濃厚：

　　　永遠悼念的黑
　　　一身黑　黑到底
　　　時局是黑的

> 命運是黑的
> 想念也是黑的
> 母親的走
> 讓我的日月浸染層層濃郁的黑
> 白茫茫的蒼涼
> 就泛泛溢開來

　　記得十年前，《叫醒私密痛覺》這本詩集的視覺效果也是黑色系的，序章一打開，詩人就寫下精湛熟稔的技巧：「擦黑，一盞盛開微笑的燈，叫醒黎明的開始」。曾以「離人」自喻的許水富，在故鄉生活到國中後，其餘歲月幾乎都在異域漂泊；教書外，創作的歷程是孤單、艱澀且漫長。《多邊形體溫》是作者最新的一本圖像詩集，不同於時下的是，內容包括攝影、繪畫、手寫字，其中，也放了不少自創書法作品，字體強勁有個性，別有一番風味。正因為詩集所表現的訊息十分強烈，似乎訴說一段曾經擁有而又消失的記憶，或轉而在某一角落的特寫與情境的闡發，並嘗試做各種精神層面的深度探討。其中，這首〈哭腫的風景〉，恆給人一種奇幻似的知覺感受：

> 風景住進瞳孔眼睛看不見
> 風景風景剩下一堆剪輯的曝光底片
> 一卡車一卡車的　山水
> 被移位　被盜採　被變賣　被遺忘
> 在我們已習慣的原諒　原諒　原諒
> 風景在磁碟片
> 在一張張發黃的記憶圖騰裡

一九九八年的三月
我到台灣東北角讀風景
找不到風景
一九九九年的五月
我到台灣南端讀風景
找不到風景
二零零零年的八月
我到台灣花東海邊讀風景
找不到風景
二零零一年的一月
我看到檳榔司機一卡車一卡車把風景倒掉
二零零六年的九月
我在垃圾山找到風景哭腫的　眼睛

　　作者以悸動的意緒統攝昔日雄偉的風景，逸筆間，讀者亦可於此詩裡感受到詩人對大自然的孕育與凋零有著一種極富生命感的心靈。他一方面藉以時間的次序，把過去美好的風景推離眼前，推向生態一旦破壞無法輕易復原的精神領域，也連通歷史長河終會記錄下人類愚昧的無知。作者以情緒帶動詩筆，也隱藏著激昂、對社會現實關懷的氣度。接著推薦兩首為人稱道的短詩，這是作者去年發表的〈詩聲短句〉之一〈結婚〉：

　　我們在陽台等太陽
　　直到雙手捧著月兒回家

　　此詩蘊藏神韻的含蓄性，淡中藏美麗；而詩的音節調和也是

內在本質，給人一種不事雕琢的真實親切感，可以說是抒情模式的一個樣本。法國詩人馬拉梅（1842～1898）名言：「直接說出是破壞，暗示才是創造。」這裡意旨他們的愛情，由年輕到老，伴隨著大自然的韻律而滋長，依然如昔。另一首〈泡茶〉，詩質樸實、鮮明的意象令人莞爾：

> 老皺容
> 笑起來有新娘的韻味

　　真切而精準地描繪出泡茶的本質真實，偏於藝術性舒緩愉悅的審美風格。由此，明白許水富在闡述此詩的內涵時，意義爽朗，亦十分重視形象性的特徵。他始終保持著一個優秀詩者的境域。

小　結

　　古希臘哲學家亞里士多德說過：「詩的創造貴在自然流露。」許其富的書畫不注重結構，如飛鴻舞鶴，清靈而醇厚。他曾寫到：「金門這塊島嶼，蘊藏大量詩礦，需要一首詩、一塊碑、一種飛揚的魂魄，一字字一句句的復活起來」。其詩歌藝術的表現手法豐富多樣化，詩集裡的書畫及廣告學技巧的融合也正是其詩藝本身形成了「清麗、繁密、深沉」的審美特色；既延伸了意象的視覺性，也飽含神韻的幻象。目前詩人一面在校教書，並多次舉辦畫展、獲國際獎項；一面繼續暢遊在詩歌文化的浩瀚海洋。此外，許其富在描繪真實人間時也用盡了生命的吶喊，其目的是要使情感合度，從而達到「美的抒情」。如同他於今年春寫成的詩〈病症密碼〉裡，摘錄其最後幾句，使讀者直接感受到作者對病人最有

力的同情：

> 一顆顆藥丸書寫龐大而浮沉的存活
> 如博物館住所　毛毛蟲的家
> 我終究看見轉身的困境
> 像瀑布宣洩　在沉默的日落中
> 閉上眼睛　頑固的　頑固的一面鏡子
> 流淌腫脹的安靜

　　讀其詩，思其境，足以反映出新詩裡重要的素質，即是幻想與情感。他善於羅織意象，跨在幻想底的翅膀上遨遊，然後對嚴峻現實的體驗以及主題深入思考；將靈的喊叫，沉默地、在心琴上彈出一曲曲悲傷的曲調…。如同此詩所體驗出來的深刻表現，不但道出了病患的苦悶、茫漠，也完成了詩人在寂靜的詩世界裡自我的建築，忘情地投入筆耕之中。也只有這樣才能取得切切實實獲得有價值的成果、在生命裡留下一道馨香的光輝。

　　　　　　　── 2011.8.12
　　　　　　　── 台灣《創世紀》詩雜誌，第 169 期，
　　　　　　　　　2011.12 冬季號，頁 173-176。

莫渝及其台語詩

── 讀《春天ê百合》

其人其詩

今年七月，自喻現實主義人文關懷的台灣詩人莫渝〈1948-〉，精心創造出了 31 首台灣詩。《春天ê百合》是從泥土裡扎根出來的，它與人民有著血脈相連的關係；反映的是受苦人民的心聲，也有著鮮明的民俗風味；簡潔明快，押韻上口，從而豐富了台灣文學寶庫，留下了見證台灣詩史上可貴的一頁。

書中，雖然也寫動物如〈白翎絲〉、〈火金姑〉和植物〈風中小花〉，也有諷刺詩〈車站變／染色〉、哀悼護園農婦的〈疼心ê祈禱〉、向醫生張七郎致意的〈公義ê冠冕〉等，但卻走了社會寫實詩的路線。無論是弔祭天災地變的小村民、緬懷友人〈予阿嘉〉、〈送文壇老前輩巫永福詩伯〉等人物詩，或是伸張公義的吶喊，均含有深刻的象徵意義；而該書的用字習慣及語層多依本土共通讀音語詞，所直接描寫的對象往往與現實生活緊密聯繫起來，以深邃的哲思和多彩的藝術形象，去感染讀者、警策世人，蔚成自己的藝術特色。

詩選賞析

　　莫渝一生除了從事教學、詩文創作及翻譯、編輯外,當下的文學批評活動已進入成熟時期,能密切結合現實環境的需要,對社會現象的概括、分析更爲寬廣,表現了博深的洞察力。其台語詩的形成過程蘊釀已久,它要求直白,如果滿篇都是文縐縐的辭藻,也就失去了台語詩的品格。所以,他把美學理論同某些象徵意味的批評有機地結合;不僅要求忠實地再現情景,來抒發自己的感慨,而且要求能表現人民的覺醒。比如他在〈倒退嚕〉等文中有力地批駁了對政治面不合理的控訴和對百姓的渴求,顯見其生命意志繼續在對詩的探求精神中發著光,也更加深了批判現實主義的傾向。

　　比如〈春天 ê 百合 ── 詩贈畫家歐陽文先生〉,音韻簡捷有力,詩人借喻主題歌頌出歐陽文無辜被迫囚禁於綠島後仍勇於作畫的堅強意志,並抨擊當年時政之下的悲情:

> 三月是哀傷 ê 季節
> 見證血跡
>
> 有記憶 ê 血跡
> 是放袂掉 ê 苦難
>
> 時間閣久長
> 傷痕 tī 咱 ê 心肝頭永遠袂結出粒仔跡（瘡疤）

每年三月，攏看得到
kui 山頭純白 ê 百合

苦難留 tī 土地 ê 深層
開出一大片咱期待 ê 平和 ê 春天

　　全詩滲著一些憂鬱的抒情情調，除表達出獄中的畫家對安寧、和諧的生活境界的嚮往外，也表現了莫渝思想和智慧的廣漠。作者對那些經風雨侵蝕過的天災人禍題材似乎情有獨鍾，均以具靈性的意象表現出歷史的蒼涼，是很耐人咀嚼的。如〈弔祭小村落〉，這首詩政治寓意深刻，意象則帶有幽深、抑鬱的色彩，意在說明詩人對「八八水災」及其他偏遠村落發生類似災害的淒涼孤寂之感：

所有 ê 歹代事
攏是在黑暗中進行
所有完美 ê 代事
攏會受人怨妒

一隻現不了身 ê 黑手
惡魔 ê 黑手
藉口這場強風暴雨
伸向咱美麗 ê 家園
掠走咱善良 ê 住民

等到天光

一切攏變樣

厝　路　車　人　店仔　攏沒去了

攏變成平平 êthô-môai-chiuⁿ〈註1〉

聽不到 in 哀號的聲音

看不到 in 滾拼的貌樣

無奈 ê 咱

只有跍內心靜靜點著一支白蠟燭

希望 in 攏是平靜離開

ē-tàng 瞑目

安息

在家己上親近 ê 土地

　　詩象就是心象,詩的琴弦是由詩人心靈的博動撥響的。在這裡,村落人民的不幸遭遇,直叫人不捨。詩人是社會的良心,莫渝藉此鍛打成明亮的意象語言,於內心閃動出白蠟燭的幽微光芒…字裡行間有著血脈相連的關懷,也暗喻有為的地方政府,莫把良心當物錢,充分表達出他的強烈的根性意識。接著,這首〈火金姑〉,意象極為輕柔,節奏舒緩、寧靜中有鄉野意趣,這也許是詩人最嚮往閒居的心情寫照:

　　四月天　火金姑/邀請大家去殷兜/作客/殷用小小 ê 閃爍/來帶路//無諾久/牽親拖戚　一大串//無奉茶　無請客/大家作伙/佇水邊/欣賞殷安排 ê 春天夜景/享受寂靜佮幽美//殷親像是外省星人 ê 先遣部隊/在這個季節發出不同款 ê 符碼/熱情案內

　　詩中的意象節節相生,和諧而為一整體。其中,「殷親像是外

省星人 ê 先遣部隊」比喻十分俏皮,目的是使抽象的思想形象化、知覺化,變成可觸感的東西,而這些意象最能表現莫渝心中對螢火蟲打著十分鮮明的「美麗而可親」的印記,我認為是很貼切的。〈放水燈〉為其台語詩代表性作品,收錄《月光奇蹟—民俗節慶詩集》,主題之後隱藏著理性的玄思和感慨:

點一蕊燈火/隨法師 ê 引領/行過街頭,來到水垺/輕輕放落水面/慢慢仔流　慢慢仔叫//華美 ê 燈厝/火光明亮/水面 ê 燈厝愈流愈遠/直透到水府//長年 tī 水底 ê 孤單者/恁那看到燈火/那聽到頌經祭文 ê 聲說/趕緊上岸/接受阮眾人對恁 ê 關心

詩人的影子是靜穆的,沉浸在歷史與現實交融的境界裡。放水燈緣起於百年前的地方古老傳述,藉以祈求消災解厄、國泰民安。每年同一時間、各地為迎接冥界的孤魂到人世間接受奉祀,尤以宜蘭列為重要的民俗慶典最為矚目。莫渝的詩,不論是感事傷懷,還是寫實人生,詩句新巧又自然,也注重優美的意境,啓人遐思。如〈媽祖出巡〉,他對台灣文化信仰方面相當熟悉,也間接展示了他在台語詩創作上的才情:

媽祖生那一日下晡/心情特別浮動/沒辦法按捺下來//媽祖起駕,鑼鼓喧天/街頭巷尾鞭炮聲不斷/喚醒土地/睏眠 ê 人趕緊翻身落床//媽祖出巡,鑼鼓喧天/虔誠 ê 人群愈偎愈濟/大家慢慢仔移動腳步/順著聖母的行跡//媽祖踅街,鑼鼓喧天/神轎經過,眾民拈香膜拜/鑽轎底,期待奇蹟出現/ē-tàng 療治久年 ê 病痛/恢復健康//媽祖生那一工/廟埕廟裡街仔鬧熱滾滾/眾人放下手中 ê 事頭/目睭金金望向媽祖 ê 金身

這裡,把媽祖出巡的盛況描繪得有聲有色,有內在體驗和感受,也把人民對民間信仰活動的熱衷展現得淋漓盡致。當然,也

一起收錄入《月光奇蹟─民俗節慶詩集》。我們可以看到詩人已經
熟練地運用比喻、暗示、象徵等手法，採用意象來表達自己心中
的情感。

小　結

閱讀莫渝的台語詩，不用空洞的口號和說教，它的內涵旨在
喚醒台灣人民的尊嚴感；強調即使在當年遭受白色恐怖的受難者
歐陽文先生的悲慘境遇，也只有文學能表現生命和進步的運動，
身為詩人作家的莫渝的神聖職責，乃是寫出那些受害者內心的悲
痛和對現狀社會的描舉，冀望成為社會進步的喉舌；而他也付出
了可喜的努力。詩人的熱情隱藏在心底，即便有讀者不完全同意
其中的某些論斷，也不會懷疑莫渝寫作態度的認真。《春天ê百合》
是莫渝嘗試創作台語詩的首部曲，內容更趨向著一種更明白地意
識到台語詩本身的創生，其實源自於自我共同理念，去追求台灣
人民或自我生活中的真實處境；在他自己凌駕自己的同時，也展
示了他靈魂的崇高和內心的美麗。

註1：羅馬字意喻為泥濘的路。

　　　── 2011.8.28 作
　　　── 刊真理大學台灣文學資料館發行《台灣文學評論》
　　　2011.10.15 第 11 卷第 4 期，頁 73-77

簡論郭楓和他的詩歌價值

　　郭楓，本名郭少鳴〈1930-〉，江蘇省徐州市人，曾任教於省立臺南女子高級中學、高雄醫學院阿米巴詩社講授文學及新詩、獲聘「國家文藝獎」評審。詩人、散文和小說家、文學評論家，《新地文學社》社長等職。詩沉鬱嚴肅，才氣豪邁，文思敏捷，落筆立就，成就頗多。

曠闊悠然的心靈空間

　　九月底，與遠清兄造訪詩人郭楓於新店書室後，細讀了《郭楓詩選》，掩頁沉思，每每爲他頑強的生命力及奉獻於文學的精神所感動。初步以爲，郭楓的詩具有以下三方面的價值：

1.寫實意象的價值：

　　一般而論，寫實意象在現實主義詩歌中大量使用，它要求忠於現實，真實描摹客觀物象，不變形，不走味。在郭楓的諸多詩作裡，恰恰具備了這種審美內涵。書中，就有不少作品把日常生活的觀照，不加提煉地搬到詩中，總能體會到郭楓的幽深情愫與哲思的詩性氣圍。尤其令我訝異的是，郭楓的部分詩作，如湧動的一泓清泉，不僅語言清麗，也能夠表現對歷史深刻的認識和追求愛與美的精神。比如：

　　「仍倔傲挺立／孤峰頂上／凝結一宇宙的寒冷／縱使在時間

裡風化，隨風而去／去，去那親愛的土地／做一粒微塵／一粒埃」
（〈石想〉）；「撥開虛幻／撥開雲霧的迷迷茫茫／朝陽已經升起／
這是永恆的一刻／青空在上，蒼野在下／你，披一身光明／與自
然獨對」（〈觀蓮蕊峰有得—黃山漫吟之二〉）；「新月一鉤，想探
索什麼？／時光，蒼蒼茫茫／雲朵在空中，溪水在澗底／天地間
唯存空靈的白」（〈獨醉一山夜色〉）等等，在這本結集裡的許多
詩篇的字裏行間俯拾皆是，不勝枚舉，深深地震撼著我的心靈，
也能感受到詩中濃郁的審美情趣。

　　此外，詩選中，無論是寫景時語言舒展自然；或抒情時，每
一瞬間都有美在萌生，或敘事史詩時語意沉鬱而傷感，多能寫得
蘊藉生動，深沉激越。他用獨特的詩歌意象傳達出個人孤冷嚴峻
的詩風，難怪兩岸詩界的名家對郭楓特兀的生命體驗加以推崇。
1990 年 4 月，郭楓除了參加首屆「北京大學郭楓文學獎」的頒獎
典禮，也陸續組團訪問大學的國際學術會議等活動，並於中國出
版其主編的《台灣藝術散文選》、《當代台灣名家作品精選》等套
書及個人詩集、散文集，這也說明郭楓的詩文已達日臻精練的程
度了。

　　2.洞明歷史的價值：

　　在詩選裡，其中有部分詩作是對當時社會現實的真實寫照。
高大且頗具虎氣的郭楓，對斜惡自是義憤填胸；他對某些歷史事
件，常直言不諱地暴露出歷史的真相，諷刺詩更是尖銳勁辣，能
給研究者提供了參考的依據。且看郭楓在 1986 年寫的《來啊！讀
這頁活歷史—寫在菲律賓民主運動成功之後》：「偉大的力量來自
菲律賓勇敢的人民／是人民領悟到忍下去只有無限悲愴／是人民
拉起手來面對野蠻的槍口高歌／是人民無比的熱情開創了新的時
代」詩句裡隱含著郭楓對民主運動改革的關注與感慨！

　　此外，2002 年所寫的《一道久久流血的傷口 —— 1947「二二八事件」略影》長詩中，也真實地記述了當年時代的背景：「從島嶼的北端的基隆到南端的屏東／幾十個城市鄉鎮一起竄起火頭／早春三月，本是春風和暢的季節／憤怒的群眾，以無可阻擋的／熊熊烈火驀然在島嶼遍地焚燃」詩中的這些細節描述，郭楓以詩言志抒懷，暴露出當時社會族群疏離的矛盾；於是，壓抑的詩情終於使他衝騰而出。再如，2002 年，郭楓見臺灣光復節前後各種社會的景象，他也一邊回憶，一邊寫下了《在勝利的雷聲裡—抗戰勝利年，臺灣景象》：「去年那萬眾狂熱的光復節／在勝利的雷聲裡，熱烈如火／啊！那是僅有的一回？老天／今年，我們的心靈，冰冷如灰」（問天）；從這些詩中可以看出，詩人心中沉痛悲鬱的神情，表達了作者對勞動人民受苦受難的同情之聲，也在詩裡流露出對對生活的熱愛與悲憫的心情。由上述詩作不僅記述了郭楓為臺灣人民所做的歷史見證，而且對後學研究也具有重要的參考價值。

3.捍衛生命的壯歌：

　　郭楓在其詩歌創作活動中，有他一套獨闢蹊徑的表現手法，他的詩藝理論十分精闢，往往直接以詩論詩來闡述他的詩藝哲理。他在自序裡主張「詩人，如情思豐厚，語言自然湧現。」他反對「偽詩」，提倡「在心為志，發言為詩」的道理。且看：「縱然地老天荒，永遠有／鐵錚錚漢子／堅強挺立天地間／仰慕您倨傲風骨／追隨您的腳步／走向孤獨」（〈病榻讀杜甫〉）。詩中表達了郭楓於罹患「非何杰金氏」惡性淋巴癌三度進出台大醫院間，對杜甫的崇敬之情，流露出詩人決心以杜甫為榜樣。郭楓於手術之餘仍唯捧詩集，凝神吟誦，這種意志力終於戰勝病魔，恢復了健康，無疑是醫學史上的奇蹟。如上所述，郭楓的詩才具有獨特

的見解，其視野宏闊，詩選集乃是一部捍衛生命、氣勢磅礴之作。

詩選賞析

　　在這本詩集中，也有些抒情詩，既寫實又寫意，既有浪漫的詩想，又有知性的光芒。如詩人在 1970 年間寫下的〈若我畫妳〉，全詩語出天然，音韻極美：

　　　千絲萬縷
　　　細柔無限
　　　妳髮上的十月是春天的
　　　啟開眉，啟開睫
　　　妳搖盪一海洋的激灩
　　　呵！若我畫妳
　　　哪兒去尋藍？
　　　如此浩瀚
　　　如此明艷的

　　　芙蓉仙子
　　　呈一縷幽香
　　　一瓣美中之美
　　　一片白
　　　呵！若我畫妳
　　　總覺玫瑰淺俗
　　　山茶村野
　　　菊清冷

圍妳，以雙臂的城
量妳，以柔情千尺
以永不凋謝的凝視
定影於心版
呵！若我畫妳
調一份亮黃，一份新綠
一份淡紫

　　詩人先要有詩情，筆下才能有詩意。郭楓在詩裡提到了海洋的激灩，芙蓉仙子呈一縷幽香等等讚美；這些富於意象和感覺的詞語，自然使人聯想到詩人心理的圖象，從而縈迴心頭。眾所周知，音樂美的要素之一是重複。下面這首〈曇花〉的動人之處，在於郭楓 40 歲寫下時的辯證思維是深刻的：

春夏秋冬，行吟著流水板
桃李芳菲過。榴紅燒過
槿紅過。荷白過。菊黃過
所有的花都花過
連那棵老梅也飄香過

醉於寂寞的滋味
靜靜地生，靜靜地長
像一棵草，不要誰的理會
等待燦爛的時光
等待最後的幸福到來

須臾間花開七朵
七朵花開七個世界
七種不朽的絢麗
七世永恆的輪迴
誕生、寂滅、生命完成

從取材上看，詩人由曇花而展開的反思，這是詩人立意之所在，輕靈而高遠。有著「落葉盡隨溪流去，只留秋色滿空山」的悵然，也有對生死輪迴的達觀。詩的末句：「誕生、寂滅、生命完成」，是其價值和力量的具象化，這首詩的意象已提升到象徵的層次，能把沉澱在時間中的凝香散放出來，且趨向精神層次的真；表達出一位智性和藝術兼備的詩人本色。在郭楓70歲那年病危之際，他仍忘不了他摯愛的鄉土，雖然身在病房，他仍然懸掛著他的好友。於是寫下了〈一根游絲─病中再寄達然〉，字句間有著濃郁的情懷，這也是詩集中最令人感動的部份：

你向我輸送親愛的情誼
從地球另一端
頻頻灌注溫暖的點滴

你垂下一根堅韌的游絲
讓無邊虛寂的生命
恍惚間抓住，不致墜落

你捨不得，你
捨不得讓我離開

揮手之際我徘徊又徘徊

　　郭楓的詩離不開大地、社會、歷史、親友，這也是他詩文靈思不竭的源泉。他對葉笛與許達然等詩友的一片真情，豐富了自己的情感世界，也溫暖了人心。所幸，病癒後，又能再度躍身於文界，在 72 歲的詩作〈日落淡水河〉中，他以台北淡水河為景語，傾訴出他對臺灣本島之愛的不悔追求：

　　　人人看得到淡水河，滔滔不絕
　　　匯入蒼茫的大海。誰清楚
　　　這條台北盆地的母親河
　　　走過多少曲折的、險惡的道路
　　　迂迴而進，猶如島嶼歲月的坎坷

　　　觀音慈悲，沉靜臥在河陰
　　　守護台北的母親河。風雲詭譎年月
　　　一回又一回，各方妖孽降臨
　　　狂暴魔君們都興起同樣的夢想
　　　夢想永遠擁有，最後的輝煌

　　　猶如那輪夕陽，愈到最後
　　　愈紅！火一般紅，血一般紅
　　　可是不論變出何等花樣
　　　免不了淒涼的沉落
　　　唯，淡水河的濤聲，滔滔不絕

　　詩既柔美又剛烈，既迷惘又清醒，這就是郭楓身在淡水河畔、心繫社會變遷與夢想擁有的意象中折射出的內心世界。郭楓的詩繼承了魯迅的自省意識與批判精神，言語真誠，不故弄玄虛，注重人性的表現，也有崇高的理想。

　　這本詩集是一個行走於兩岸的詩人一生重要的心路歷程。如同他的散文，有著真實而靜美的神韻，也顯現出一位優秀出版社社長的詩歌功夫。

郭楓詩歌對時代的影響

　　郭楓晚年仍為自己退下來的生活找到了支撐，他擔任《時代評論》雙月刊的社長及知名的《新地文學》季刊總編輯，繼續在文學道路上踏出了堅實的步履。到底他的詩歌特色對當代文學有何影響？在此，梳理出如下幾點淺見：

1.童年時代的困頓與奮進，培育出郭楓詩心成長的扎實根基

　　他原本是軍人子弟，父親郭劍鳴係黃埔軍校第一期畢業，於帶兵作戰中去世，母親遂削髮為尼。郭楓2歲時，是在坎坷的人生中度過的。之後，得益於其外祖母養育，但生活仍十分拮据，8歲即需下田，常挨餓度日。抗戰勝利後，郭楓投靠了其父的結義兄弟張世希，住進了將軍府第。隨後，開始接受教育。由於深受五四文學影響，這些豐富的文學素養，對郭楓產生過不小的熏陶作用；而面對政治當局的腐敗、達官顯要的奢侈與北方農村的破敗成強烈的對比，均在其幼小的心靈中扎下了日後嫉惡如仇的情結。

2.創作的動力與意志力，是滋養郭楓詩藝不斷成熟的關鍵

　　他曾任教師、記者、董事長、總編輯等職。可見，他熱愛社

會，並全力投入文學的相關工作。嚴肅文學是其生命的軸心，著有詩集、小說和散文、文學評論等書籍高達二十餘種，爲他進入華文詩歌創作領域打下了扎實的後盾。在表現手法上具有「意境深邃、氣壯情逸」的特點，以及善用比喻、疊字、疊句等特色。由郭楓書室裡，深藏著許多中西文史哲方面的書和魯迅研究的雙重影響，可看出其文人風姿，不是沒有根據的。

3.創立優良文學刊物，是促成郭楓在詩壇備受矚目的關鍵

他深交文朋詩友，遠地造訪於大陸文界多年，除了共同切磋詩文外；郭楓從小爲了實現其人生價值，他熟讀中西聖賢懿行嘉言的經典著作，也從閱讀魯迅的作品中，汲取其知識的素養，在潛移默化中養成自己的孤高人格，並且用自己的詩歌去詮釋文學精神。可以說，郭楓的一生，都在表現他不斷探索詩意美和追求意境美。不僅受到與他同時代詩壇許達然、葉笛詩友的認可和稱許，而且他的經歷及故事，這些五味人生的滋味，都在他的許多詩文中有所記述和表達。《郭楓詩選》是記載詩人一生的心事和足跡的寶貴結集，它的價值和影響，在臺灣當代詩史上是有一定的定位，這是毋庸置疑的。

　　── 2011.10.4 作

　　── 台灣《全國新書資訊月刊》，第 155 期，

　　　　2011.11 月，頁 24-28

品蔡登山《讀人閱史》

內容提要

　　《讀人閱史》介紹了蔡登山讀史批注中，述及對歷史人物〈含繡藝名人沈壽、帝師梁鼎芬、學者李審言、名士馬君武、教授溫源寧、名媛賽金花、影星徐來等 20 位〉逐篇考證、企圖還原歷史現場，直究史學文獻。此書的編寫體例，基本以讀人閱史爲標題，以「晚清到民國」期間爲順序。其中，有幾篇文章更曾發表在《全國新書資訊月刊》，供讀者先睹爲快。

　　蔡登山自求學階段即酷愛文史，迄今曾多次深入中國收集史證，而這些史料卻鮮爲人知。他的閱歷不限於讀歷史書籍，寫史料更是妙語聯珠，風趣而有哲理。有些是實地採訪對作家作品的評價，有些是考察史料、調閱有一定聯繫的證據；皆爲研究標的史實補充，以實現遲來的公評。在這些記述中，有他「實事求事」思想的雛形，流露出身爲一個優秀作家對歷史研究的執著；而讀者也從而得到啓發和教益。

選讀導覽

　　常言道，寫歷史的人難免會帶入自己的主觀因素，因爲任何歷史都是人編寫的，人無完人。然而，在此書中，毫無疑義，蔡登山竭力以不忽略任何一面去研究各人物，對歷史的真相更是心存敬畏，並沒有因自己的好惡而詆毀歷史。相反地，他更是以史

為鑒，吸取和運用歷史中的經驗、智慧和各種啓示，來解決歷史人物的評價問題。因而，這些讀史批語，一個個都使人印象深刻。他注重品評歷史人物，這是蔡登山讀史的一個鮮明特點，也是他一生志趣之所在。他對晚清至民國史上那些曾受矚目的人物事，備感興趣。尤其對列為研究的歷史人物，他特別欣賞那些真正具有卓越才華、有大氣魄的人；也特別同情那些身處於大時代背景下堅真的愛情故事，或努力去改變自己命運的人。比如，蔡登山對沈壽的繡藝十分激賞，認為她對中國繡譜的發展是有貢獻的，故記述下她一生的愛戀。他對梁鼎芬因彈劾李鴻章而丟官，失妻而寫下了詩：「終古佳人去不還」的痛楚，言真而意濃，均洋溢於字裏行間。〈文廷式的革職與脫險〉中，文廷式對曾教珍妃姊妹而著名於後世，其對日本東洋史學的貢獻及詩詞蕩氣迴腸的才情等事蹟，蔡登山是持向讚嘆的。

再如，對八國聯軍攻打中國，北京城卻盛傳賽金花與聯軍統帥瓦德西情事。蔡登山對此公案的真相提出澄清之說：『「瓦賽情史」也是起諸於小報文人的編造…捏造誇張所謂口述自傳…』他對此典故直抒胸臆，豁達通脫，論斷公允。再者，對中華民國第一任外交部長、出使過「巴黎和會」，擔任過中國代表團的陸徵祥，其妻培德夫人的愛國情操和陸徵祥看到妻子的遺書後痛哭，絕食並因而遁入修道院出家的故事，內容寫來十分順暢、文采飛揚。對〈以英文寫作的溫源寧〉的評價，深知其德才兼備，有令人崇敬之處。書中，還提及東北奇人馮庸一生淡泊榮利，晚年病榻前與張學良兩人的知遇；及對陸小曼與王賡的故事，常被後人歪曲描摹於歷史，均一一加以澄清，也為近代史增添些傳奇的色彩，供人憑吊。綜上所述，伴隨著蔡登山的穿針引線，從歷史人物的形象及各類故事記實中，對此書的推崇亦不斷提高，因為，這是正史中極少數載述歷史人物的文字中最明確的記錄之一。

蔡登山：探究史實的歷史家

　　所謂正史，在文采上幾乎少有具備閱讀快感。然而，閱讀此書，能使人輕鬆地誦讀如流，看盡多少歷史人物而與之言笑自若。蔡登山出生於台南，曾任高職教師、電視台編劇，年代及春輝電影公司企劃經理、行銷部總經理等職。因沉迷於電影及現代文學史料之間，達三十餘年。1993年起籌拍《作家身影》系列紀錄片，任製片人及編劇。四年間完成魯迅、周作人等諸人之傳記影像，該系列紀錄片榮獲了1999年廣播電視教育文化金鐘獎。著有《人間四月天》、《名士風流》、《傳奇未完──張愛玲》、《魯迅愛過的人》、《張愛玲色戒》、《梅蘭芳與孟小冬》、《何處尋你─胡適的戀人及友人》等十多種，這也是蔡登山意識高度成熟的顯著標誌。

　　他在書中細究這二十位名流的精彩人生；而這些前塵境遇，也正是中國官場浮沉無定的縮影。無論是學儒傑士、巾幗女媛等；這些人與事，或有一言之可傳。蔡登山秉持對史料的熱情，上窮下究探查多年，搜羅各種龐雜的史料、日記、手稿、信函及報章舊刊。這無非是想要用另類另外的一種眼光，來對歷史進行新的審視。這樣的歷史史料的撥冗見真，給我們所帶來的是人物個性和特徵的原生態的東西，表明了歷史人物的真實性格。正因我們習慣的歷史，其實並沒有全部解密和透明。也許從這個意義上，可以說明這部《讀人閱史》是對歷史具有鑒偽存真的意義及史獻參考的雙重價值的。

── 2011.10.7作

── 臺灣《全國新書資訊月刊》，
　第156期，2011.12，頁40-42

論丁旭輝的《台灣現代詩中的老莊身影與道家美學實踐》

摘要：丁旭輝是台灣詩壇評論的學者之一，此書以臺灣現代詩對老子、莊子的接受與轉化情形與道家美學實踐，作一闡述，有其獨特的時代價值。

關鍵詞：美學、老子、莊子、現代詩、自然

其人其書

丁旭輝〈1967-〉臺灣省雲林縣人，中山大學文學博士，現任「國立高雄應用科技大學」人文學院院長，曾獲「國科會研究獎」、巫永福基金會臺灣文學論文獎，著有現代詩〈新詩〉評論、研究專著等多種。

《台灣現代詩中的老莊身影與道家美學實踐》的時間斷限自1949 年起至 2009 年寫作完成爲止共約 60 年間，丁旭輝所論述的臺灣現代詩影響的來源與接受的對象，重在體認感悟，而非著眼於考證老莊哲學的駁辨。他以《老子》、《莊子》及道家美學爲主要範疇，藉由詩話的故事情節裡的想像或感受賦予詩作丰采的意涵。全書共分八章，由老莊形象的現代書寫起，經由「道家美學的生命演出」等單元的佳例，我們不難看出，丁旭輝在以「魚意

象的發展與忘我美學的形成」，及「蝶意象的擴張與物化美學的闡揚」中實我的體認，也清楚地表述了他的審美自然觀；這種以老莊美學的正面詮釋開啓了臺灣現代詩史上以「自得境界與消遙神韻」爲最高美的思想先河。無論是從「以物觀物的無我美學」到「無我美學的作品實踐」，丁旭輝由老、莊語言的發想創新，感悟到天地自然無爲而成的大美存在，以之推移於詩想的多種關係之中。他認爲，「詩意的想像」是臺灣的現代詩人們不斷主動接近老、莊思想並把他們消化、轉化爲詩作形式的主因；最後，更渴望與期待道家美學的研究對臺灣現代詩的影響能持續發展，臻於新的時代價値。

道家美學中的詩想與詮釋〈Interpretation〉

在道論中，一切行爲關係都應取法天地，唯貼近本然，才能合於人的生命生存自由自適要求，並可以從煩擾之下解脫出來，實現難得的「自樂」與「消遙」。或說，「有我之境」是「以情觀物」，即詩人看到了與自己無利害關係的景物，爲之感動而把自我情感移加到景物上去。而無我之境」是「情以物興」、「心隨物以宛轉」，即詩人以靜虛之心觀物，這就打破了人與物的界限，也打破了心靈與現實時空閾限。

這不是一部應時之作。雖然在我看來，僅僅注意到中國傳統老、莊以及以他們爲主體的道家美學，似乎無法呈現現代詩與古典文學、哲學之間關係的全貌。然而，爲了集中呈現存在於臺灣現代詩與老、莊、道家美學之間的接受轉化關係；丁旭輝的思考遠遠超出了美學研究範圍，其視野寬闊，確實也提供了臺灣現代詩壇上少見的佳作。這部論著結構宏偉，既表現在取材收集上，

也表現在立意上。他把研究範疇從老、莊著眼，才能認識道家美學之遠，逐步開展臺灣現代詩的生命。在一定意義上，他深化了詩的涵義，確實是對美的境界性揭示。在發展方向上，他力求超越了對象所表現的意義，純粹以道家美學去領略對象的形式美，並為詩的真諦留下了深刻印記。最後，他把握了時間斷限的無限性，便體悟了詮釋詩作中奧妙無窮的意味和志趣。

丁旭輝以詩作論證道家藝術精神在詩歌上的顯現，書中，他引用了許多臺灣現代詩人接受了老、莊的自我隱喻意象，並沿著詩人自喻的軌跡，加以轉化而展開了反思，在藝術上給人以新的啟示。誠然，任何一種美的創造並非局限於一種具體事物的描摹，否則最多只能給人一種感性的知識或片刻的愉悅，而不能從更高的層次上領悟美或進而體驗到自由聯想之趣味。如果說，世俗之美重在形象的話，那麼，道家美學則超越於形象。因為，老、莊哲學的基本特徵是「無為而又無不為」，大美起始於美又超越於美。丁旭輝由詩作範例中逐步勾勒出道家美學的特質，其論述是對美的詩想加以詮釋；他對詩學追求的玄遠哲理、時空意識等審美體驗，這是道家美學思想的一種集中表現。細品之中，這是文化藝術的漫遊，全書也注重詩作的哲理意蘊，語言鮮明豐滿，常能直抒胸臆，也極大地拓展了臺灣現代詩的時空。

在丁旭輝看來，莊子以直覺體物而感知魚樂，人亦如魚。他提出許多位詩人接受《莊子》魚樂與否的故事，從而加深了臺灣的時代背景的想像或悲辛形象。他發現，莊子有兩個內在的美學樞紐，即「忘我」與「物化」。然後論述這兩者於魚、蝶意象之外在臺灣現代詩中的滲透與交融，及上溯老子的道家整體美學。文中也提出，蝶意象很單純的來自於《齊物論》。《齊物論》中的蝶，自是想像的蝶、夢境的蝶、虛構的蝶，臺灣現代詩接受了此一想

像的蝶，而轉化爲多方隱喻，甚至納入現實之蝶、真實之蝶。他
舉證了許多詩作中，其實與詩人追求一個解脫形體的永恆靈魂的
心靈是與莊蝶意象一致的。在論述中重複出現的莊蝶意象之「形
體解脫」、「新生喜悅」、「實我體認」、「隔世追尋」等深刻隱喻，
即構成一種典型的、反覆出現的意象。丁旭輝擅用這些意象中的
原型意義加以串連或擴散，形成在華語文學中的象徵體系的雛
形，對臺灣現代詩的內涵與發展，產生了一定的影響。他認爲，
臺灣現代詩中，老、莊的忘我、物化美學落實到生命實踐，成爲
人生自我救贖的心靈對策與苦難解藥。最後在總結裡，他期待，
此書一方面提供了老、莊解詩的方法學示範，一方面能實際提供
了閱讀的路徑。

　　筆者以爲，老、莊的審美自然觀，是從參悟天地之美而推及
人的行爲。而丁旭輝對審美和藝術創造規律的認識，也大多來自
老、莊及道家美學思想。在臺灣詩論上，他對於道家美學思想的
運用與闡釋，已蘊含著他的審美觀、審美情趣和審美判斷，具有
十分深刻的美學意義。因此，丁旭輝詩想範疇的審美生成，常能
引喻貼切，很形象地表達出原詩的旨意。

丁旭輝：默默筆耕不息的詩評家

　　丁旭輝沉浸於現代詩學十餘年，對老莊思想十分熟稔，又長
時間閱讀西方哲學著作。嚴格說來，在老、莊思想系統並沒有一
套專門針對美學的理論，但老莊思想的價值旨趣、運思與言說的
方式，常蘊含著豐富的美學資源。也正是在老莊思想的啓發下，
丁旭輝開創了審美意識自覺之門；而研究現代詩一直都是他心靈
不竭的種子。他以道家美學作爲詩美的出發點和歸宿，無疑也宣

告了臺灣美學系統理論的誕生。

　　這十多年來，他體現了老、莊的審美觀念，爲之默默的，是用真誠的筆觸，寫下具有豐富深刻的詩美內涵，其學術價值是從道家美學嵌結詩人與自然的和諧關係。所以，可以說，這是一部重新詮釋臺灣現代詩中老、莊及道家美學的探索之作。丁旭輝也是位不可多得的追求美學境界的教授，長期以來，他把研究詩論視爲他孜孜以求的人生境界。我認爲，此書的價值既體現在對西方傳統美學的超越上，又體現在對老、莊道家美學思想的理論建構上。他從多方面闡述了老、莊美學思想的價值基礎、哲學範式、終極旨歸及實踐範例，實爲臺灣現代詩詮釋的選擇提供了一種依據與思路。

　　此書給當代臺灣現代詩的重要啓示，是確立道家美學與現代詩相契合的價值觀，此外，丁旭輝也爲此書提供了理論相映的實踐。這不僅爲道家美學實踐增添了許多的色彩，也對道家美學思想中的老莊身影的原生態思想，作一大理想描述。丁旭輝詩論的特色在於專注於詩的解讀，傾心於內在理路的剖析與建構；其評論的對象，包括台灣當代詩人、也評論過中國詩人等。他開啓用道家美學的眼光看待現代詩的意涵，自覺「返樸歸真」到本初之美與樸真之美的優態境域，以道家淡定、寧靜的心境，積極尋找和皈依審美生存的詩美家園。因而，此書對研究現代詩的啓示有著終極的價值意義。

—— 2011.10.17 作-

—— 刊登河南省《商丘師範學院學報》，

2012.01 期

走過歲月

── 文史哲出版社掠影

慷慨多氣　風雅的儒者

　　我想寫下我所感覺到的，以最真實的方式報導出位於臺北市羅斯福路一段 72 巷口、一棟貌不顯眼的出版社，其主人彭正雄是如何用自己簡樸的一生，締造出古籍叢書的殿堂、以及對各家藝文等論著的終極關懷，試圖找到一個平凡但足以令人動容的圖騰。

　　彭正雄是位名符其實的「書的墨客」。他說過，「每次出一本新書，捧在手裡，我真是歡喜。」而每本書出版的背後，他總能引述一段故事。彭生於新竹市，周歲就遷居臺北。雖然學歷並不高，財團法人高等教育評鑑中心基金會於民國 95 年，被聘為九十五年度大學校院系所評鑑委員。在他一生最困苦的年代，嫻雅的妻子及巧慧的女兒，成了精神上豐富的源泉；他總是擁有超人般的毅力、夜以繼日地勤奮工作，加上他的樂天知命，在學生書局任職九多年後，竟已獲得了經營出版業的本事。

　　彭正雄以做「古籍整理的代言人」為己任，於忙碌中找到了深化自己藝術人生的基點。他為人慷慨多氣，人脈廣闊、與業界關係和諧；也常抽空請益於吳相湘、毛子水、鄭騫、嚴靈峰、戴君仁、林尹等教授，汲取有關古籍文獻等學識，群稱其才。曾主

辦過「文史哲雜誌」、也寫過論文〈臺灣地區古籍整理及其貢獻〉、〈臺灣地區古典詩詞出版品的回顧與展望〉等數篇，對文獻有造詣深厚的見地，出版專書有《歷代賢母事略》；也融入了他多年來的研究心得和文獻學教學中的思考，體系完整，內容平實，可讀性高，既是文獻學教學的補充書籍，也是理論研究的一部佳作。他長期深耕於臺灣的藝文界，是風雅的儒者，也是中華民國圖書出版事業協會常務理事、中國詩歌藝術學會常務理事、中華民國新詩學會常務理事、中國文藝協會理事、臺北市中庸實踐學會理事長。

回顧與展望

回顧民國 60 年 8 月 1 日臺灣退出聯合國的那一天開創「文史哲出版社」，在這惡劣時候，由於故宮博物院主管及多位教授學者的支持，再加影印、印刷兩方面的友人協助，彭正雄似乎具備了十八般武藝，不僅在印製古籍學術專著，深獲海內外各界肯定，其中尤以「文史哲學集成」六百多種、「文史哲學術叢刊」、「台灣近百年研究叢刊」、「南洋研究史料叢刊」、「藝術叢刊」、「現代文學研究叢刊」等〈詳如表 1〉，猶如聚寶盆般的書庫，總是讓觀摩者目不暇給。雖然受大環境普遍景氣不佳等因素，有些叢刊本身賣相並不討好，但身為出版家，同時也是文化學者的彭正雄依然注入了自己對古籍及學術的獨特感和精神執著，也是為了讓人們更易於研究其思想義理和學術意義。他的溫雅個性、真樸而沉潛深厚。早年他曾陸續影印殷商篆刻等史料，頗受中外篆刻家好評。

印象所及，比如幫紀弦、羅門等名詩人大力出書，充分展現出偉大的經營者須有擁抱社會的襟懷，而不是只想當一般汲汲營營的書商。這 40 年來，至少有數百種博碩士論文，他為了照顧優

秀學生出版的急需，彭正雄寧願自己賠錢，仍予以協助出版。像龔鵬程、黃永武這些知名學者，早年博士論文悉由文史哲助印。民國 85 年獲得中國文藝協會文藝獎章，又加強投入新文藝的工作，處處可見，他積極的參與藝文界公益，俠骨柔腸，使一起並肩工作的家人與有榮焉。

　　一路走來，文史哲約印了 2600 餘種書，藏書萬冊；即使網絡及電子書的衝擊下，迄今每年仍出書六十多種，惠及數十萬群眾。令人折服的是，彭正雄夫婦與女兒的同心，在寸土是金的市區，雖只有 30 坪左右的空間，但滿室書香，雖辛苦也具有溫馨與最平常的快樂。對彭來說，出版書即是他人生的意義，也存有甜美的果實。比如 1979 年出版的張仁青撰「應用文」，獲得暢銷，有的書也被學校選為教材；也有些古籍學術專著，極具歷史價值的意涵。他已 73 歲，但仍創造屬於自己生命的意義，當他回憶起過去的歲月及處世的方法時，更有不少值得借鑑之處。

彭正雄：對臺灣地區古籍整理及貢獻

　　其實，古籍整理出版工作，是一項文化建設的好傳統。我以為，彭正雄最大的貢獻是他創辦台灣最重要的古典文史出版社，儼然成為臺灣古籍文化傳播的主陣地。彭社長在這方面的實踐與成果是非常豐富的，現在雖有古籍的電子化、網絡化，但很顯然，透過出版文獻學名著的介紹，邏輯聯繫將更為密切，學術脈絡也較為清晰，實具歷史性意義。古籍圖書是兩岸圖書交流的主要項目，前年廈門外圖出口臺灣的古籍圖書高達 500 多萬元人民幣。目前大陸在古典文史圖書的出版、發行上有資源，而臺灣仍有古典文史圖書市場，未來如何加強兩岸史料研究合作使以古籍為代

表的中華傳統文化在世界圖書之林占有一席之地，實爲未來出版業交流的重要議題。

　　記得 2009 年 4 月底，第十九屆書博會在山東濟南舉行，彭社長彭獨身自任，代表文史哲出版社到大陸參加書博會。之前，彭正雄也曾在 2005 年 8 月 1 日於廈門鷺江賓館參加中國傳統文化圖書出版發行研討會，來自臺灣的 13 家出版社及知名書店代表、15 家大陸古聯會成員參加了會議，發表〈臺灣地區古籍整理及其貢獻〉乙文，獲得與會出版人及大陸媒體肯定。就兩岸古籍出版社聯合會中提出的有關古籍的出版觀點中，彭提出核心是優勢互補，具體地說，就是將古籍方面的圖書簡單化，要加以注釋或譯成白話文，易識易讀，以適應現代快節奏社會的需要。同時，要多譯成「英文版」。這樣才能在西方國家大面積發行，外國人才能瞭解中華民族傳統文化。在這一點上，與上海辭書出版社社長彭偉國說，古籍要生存和繼續發展，就要不斷修煉「內功」，在注重學術性、專業性的同時，也要與市場結合，特別是和通俗類讀物的出版上科學細分市場。堅持品牌戰略、合理定價，重視包裝，做到表裏如一。基本上，他們倆的理念是一致的。

　　然而，如何加強古籍出版規劃的科學性、系統性，形成脈絡清晰的古籍整理出版體系？筆者以爲，首先政府在推動保護古籍資產過程中是起著主導性作用的，未來仍需建立一個由類似「國家」層級主導的古籍整理精品出版工程機制，方能定期整理出版一批具有文化傳承價值，體現中華優秀文化傳統的精品力作。其次，由於古籍經典與普及性的出版工作，著力於內容生產上的創新力度，圖書館界、學界的介入、出版業者的合力入手及社會各層對古籍文化多樣性的認識也十分必要。

　　總之，今年 8 月 1 日即是文史哲成立 40 周年日；彭社長對於

擴大文史哲研究領域、填補研究空白實具有重要性的生存意義。
當今臺灣省館藏古籍最多的是國家圖書館、國立臺灣大學，其他
圖書館因經費及管理上人力困難而力有未逮；凡此瓶頸，彭正雄
一家人仍秉持不棄不離崗位，默默爲古籍整理而付出，不斷加強
和改進新時期古籍整理出版工作，且更努力朝著心中的理想前
進。我們可以預見，憑著文史哲對古籍整理的負責態度，今後亦
將繼續在實踐中不斷擴大其影響，使之成爲受到各階層歡迎的一
部學術外博雅的研究殿堂，也成爲學者進入古籍研究的入門鑰匙。

〈表1〉：截至 2011 年 4 月底止，文史哲已出版之各類叢書統計
　　1.文史哲學集成 601 種
　　2.文史哲學術叢刊 21 種
　　3.中國文史哲資料叢刊 26 種
　　4.人文社會科學叢書（國立編譯館）5 種
　　5.戲曲研究系列 7 種
　　6.現代文學研究叢刊 40 種
　　7.台灣近百年研究叢刊 16 種
　　8.比較研究叢刊 6 種
　　9.圖書與資訊集成 28 種
　　10.中國現代文學名家傳記叢書 16 種
　　11.傳記叢刊 8 種
　　12.將軍傳記叢刊 5 種
　　13.學術研討會論叢 74 種
　　14.南洋研究史料叢刊 26 種
　　15.滿語叢刊 16 種
　　16.文字、聲韻、訓詁 38 種

　　　　　—— 2011.4.25 作
　　　　　—— 刊臺灣《全國新書資訊月刊》2011.8，152 期

走過 42 年

── 文津出版社邱鎮京教授掠影

隱逸的出版家

　　文津出版社社長邱鎮京教授〈1936-〉，係國立臺灣師範大學國文所碩士，中國文化大學退休教授，學術著有《阮籍咏懷詩研究》、《大學國文選》〈劉本棟、陳弘治、陳滿銘合製〉等數冊；曾創辦《東方人文學誌》，過去九年來，共出刊 36 期，登載論文 432 篇，這是一本專供海峽兩岸研究生論文評要及闡述文史哲或宗教藝術性的中文論著，極有好評，每期含寄送郵資約 6 萬餘元，均由邱社長自其學校退休金中支付。由於原捐獻之 200 萬元資金已用罄，遂自去年起暫時停刊。但學誌對中國文化史及學界所作的貢獻，實不可抹煞，他的確是個博雅又重視理論探索的出版家。

　　先生為人也溫儒良善，幼時，生於屏東縣六堆鄉。小學時，因升學及父親調職至三崁店糖廠，遂而轉學至臺南縣麻豆鄉；於 1949 年夏，畢業於第一屆總爺國小。在該校陶仲英校長及鄭德岐、劉鈞、劉兩宜三位老師的愛心與薰陶下，於 1955 年高中後，順利考入國立臺灣師範大學及國文研究所，畢業後執教直至教授退休。其間協助其兄長邱家敬處理文津出版之業務，聲譽日隆；

迄自去年起轉由兒子接辦，女兒目前是副教授。現年 76 歲的先生
及夫人范惠美已搬返麻豆，回到心靈的故鄉，安逸晚年。

逸氣風發　雅澹空靈

　　先生佛心純淨，彷若深山之隱士；胸羅逸氣，下筆縱橫，有
中國文人的風雅典範，即嗜古詩及古典文學。尤其熱愛鄉土、尊
師敬賢、行善佈施、嘉惠許多學子。在民族與傳統文化的守護與
研究上，出錢出力，且能自出機杼。也曾為多位清貧的大陸知名
老教授出籍成書，或運用饒有詩意的筆觸寫作，深具功力，形成
具有東方式的新美學風格。

　　撰此文期間，無意間於網路上瀏覽到先生特別為總爺國校二
十週年校慶寫篇〈二十年〉，其中，配合許多珍貴的校史畫面，
令人讀來欣喜又悵然。文中論及：「歲月並沒有把一切東西都改
變，因為老師的眼中，仍然閃爍著和當年一樣的灼灼光輝，臉上
也一樣洋溢著古昔訓誨我們的慈祥與懇切！」情感真誠而質樸，
能傳達出思鄉的心理氣氛。2008 年 2 月 5 日又寫下校慶活動前的
感思〈懷念總爺祝福母校〉：

　　　別後依稀記往年
　　　落花如夢柳如煙
　　　愁雲濃似離人恨
　　　臺北街頭春可憐

　　這首詩正是他心境和精神狀態的折射，所表現的清新、懷戀
情緒與日俱增，則充滿抒情意味，且蔓延到讀者心靈。遺憾的是，

爲爭取總爺國小續存，學生及家長代表到處請願，最後仍無法改變創校六十年而迫於合併的命運，令人不捨與動容。然而，先生對教學上的認真與文津出版優秀論集的執著，並未因歲月流逝而止息，加上兩岸學界對其出版社的支持與鼓勵，以及建立以古典文學、藝術與宗教、民俗文化等論著研究的理想爲出版的特色，相信未來文津與先生的精神相往來，在美學的層次上將更融通在其對中國藝術精神與臺灣民俗文化的發揚，這也是其經營信念的理之所至。

回顧與前瞻

　　文津截至今年，已營業 42 年了。1993 年 4 月增資改組爲有限公司後，正式成爲每月定量發行新書的出版機構。回顧過去，其服務的宗旨以闡揚中華文化、論述台灣特色的學術專著爲目標。書籍特色以《中國文化史叢書》、《中華傳統文化文庫》、《佛、道系列》等爲主流。分類如《文史哲大系》《大專院校教師著作》、《大陸地區博士論文叢刊》、《儒林選萃》（臺灣地區博士論文精選）、《學術會議論集》、《大專用書》、《東方人文學誌》〈暫停刊〉等。迄今每月仍以出版 4 至 5 種學術著作及大專教材爲原則運作中。未來爲適應市場需求，將朝 20 萬字以內文史哲類學術著作、16 萬字左右文法商科大專通識教材爲優先出版項目。

　　筆者於兩年前，承鎭京老師協助出書，雖然初次見面於臺師大校門口，隨後與陳滿銘教授三人共餐，暢談中，對眼前這位沉靜溫雅的儒者印象深刻，實有賓至如歸之感。邱鎭京不只是單純的大學教授，他也是有份量的出版家與虔誠的修行者，文津評價之佳，廣泛地表現在學術著作之中，和諧美是東方人文的主要精

神意涵，更強調作品的道德感及論者真實情感的表達及學術的嚴謹性。在鎮京老師的性靈中，已發掘出藝術的根源，把握到精神自由的昇華關鍵；而一生的成就也具有歷史性的意義與將來性的意義，這點是毋庸置疑的。

    ── 2011.4.29 夜作

    ── 刊登臺灣省《全國新書資訊月刊》，

      第 158 期，2012.02

「照夜白」的象徵

── 非 馬

　　夜已深。窗外雨聲向我靠近。我闔上書，靜靜地諦聽著，想起了今天非馬 e-mail 的一句發人深省的話，感動了我：「我知道編詩選是一件苦差事，……但以後有時間，還是要把台灣詩壇更完整地呈現出來。」我想了很久，決定進一步探照他的詩作，他是個永遠保持一個太陽的熱度的藝術家、也是一個具有深度思想的儒者。對非馬的研究，評論熱潮不斷，但人們也許好奇，為什麼會有那麼多的學者不約而同地研究起非馬？

　　研究非馬，是由於他的作品中充滿豐富的內涵與藝術氣韻，詩句是那麼強烈，構思中又飽含情感。讀著它，我們能體味出韓幹式的勁健豪情，或是一種雄渾的精神；詩中背後的故事往往是熱血與生命相聯的統一，深入到了幽深的心理領域，潛伏的文采在暗中閃爍，又一起噴射而出，且具有「驚人」的藝術力量。

　　七〇年代末，獲 1978 年吳濁流新詩獎佳作的非馬，在〈醉漢〉中寫出：

　　　　把短短的直巷
　　　　走成一條
　　　　曲折

迴盪的

萬里愁腸

左一腳

十年

右一腳

十年

母親啊

我正努力

向您

走

來

　　對一個藝術家來說，這是首以他切身的體會來說明海外遊子思親之苦的極有高格與個性的詩句。其旨義在於等待的時間越長久，在他的記憶中的痕迹就越活躍與清晰起來，對過去戰爭的滄桑，仍帶有一種說不盡的意味。〈醉漢〉不僅把自己流落的徬徨，反思兩岸分隔的鄉愁的那種感覺，能明白強烈地表現出來了，這就使我們生命的體驗大大地加強了，在詩人心裡組合成說不盡道不盡的情景交融的境界。彷彿中，卻讓人看到了這樣一幅真實的圖畫：

　　「一條短短的小巷中，萬籟俱寂，而那生機勃勃的山水似乎仍未來臨，突然，一個人劃破了這出奇的靜謐，周圍的一切都甦醒了，而小巷似乎變得更黑了……」不僅如此，我們還可以從那種無盡的愁思中，感悟到一種人生的境界，這就是一首合詩之道的佳作；詩中也激起一種類似超自然的感覺，引導我們注意眼前世界之美，遂使平常之景顛覆為不平常，道出了詩人心中所有而寫

下無盡的感受，讓讀者讀之動容，餘味不盡。

到底該如何看待非馬在八〇年代的創作？我甚至可以說，非馬完成了對寫詩時代的超越，這階段非馬的作品評價高，欣賞非馬的詩已呈現一種審美體驗。一般而言，詩作純粹的美，是自由的美，只能在摒棄聯想的情況下，單靠對藝術直覺以形式感取勝，不能靠審美聯想。而非馬的詩，卻擁有內涵的美，也只有在審美聯想中，讀者才能沉入非馬的藝術世界，才能從中獲得審美愉悅。他在〈蛇〉中寫道：

> 出了伊甸園
> 再直的路
> 也走得曲折蜿蜒
> 艱難痛苦
> 偶而也會停下來
> 昂首
> 對著無止無盡的救贖之路
> 嗤嗤
> 吐幾下舌頭

非馬在詩句中用「嗤」、「吐」二字，的確是新鮮而又傳神的，特別富於表現力。究其原因，是非馬對普通言語作了某種疏離與異化，他所追求的語言「驚人」效果，主張「一個字可以表達的，絕不用兩個字，前人或自己已使用過的意象，如無超越或新意，便竭力避免。」同韓愈要求「陳言務去」一樣是有充分的心理學依據的。

我認為，這首詩是非馬心靈的物化，是詩人自我的實現，也

正體現出他的本質的豐富性，是基於主體審美心理結構的一種選擇；有一定藝術素養和欣賞能力的人便找到了他的文學藝術。詩人應希望在超越時空的、虛擬的藝術領域中，將自己內心隱秘的經驗、情感等轉化為一種有深層意蘊的意象。它滲透著詩人的身世之感：受盡顛沛流離，但仍前進不屈。

這首詩，是詩人成熟的標誌，詩情氛圍轉向靜穆中不失幽默一層。也許詩人體悟到，世間有多少人無從找到避風的港口？猶如一株失根的蘭花，亦或一條孤獨走出伊甸園的蛇，不知止於何處？也許該在滿布曲折的人生道上奮勇前進吧！但，偶爾也有心靈疲憊的時候，也許俏皮地「吐幾下舌頭」，歇一下，再走出屬於自己的路吧！非馬的心智似乎變得更清爽、敏銳，進而領悟出生命的某一真理。他揚棄了某些舊質的新我，而使詩句達到一種新的精神高度，詩人的想像力，飛翔得更加高遠了。

1988 年開始，非馬開始繪畫與雕塑，幾年內也舉辦過多次展覽，又加深了向心靈世界的掘進。九〇年代後，他在詩中常表現出詩人的奇異的審美知覺和想像，且能從尋常痛苦甚至醜惡的事物裡發現美和詩意。詩人也在〈流動的花朵〉中寫出真誠、浪漫主義的風格：

　　這群小蝴蝶
　　在陽光亮麗的草地上
　　彩排風景
　　卻有兩隻
　　最瀟灑的淡黃色
　　在半空中追逐嬉戲
　　久久

不肯就位

　　詩句是那麼抒情，情感發展又是那麼自然，不禁想問：蝴蝶會如何彩排風景？或許在詩人的世界裡，翩翩的小黃蝶，流動著像人一樣的感情，牠們和人一樣，也有悲歡離合的世界。這種脫俗的審美的獲得，唯有「即景會心」，才能把詩推到極致。直至近年來，非馬終於在現實社會的改變及對磨難的體會的力量下，把人們對精神自由的追尋與找回靈魂之「家」聯繫起來。於是寫下了如斯感人的詩篇〈生與死之歌〉：

── 給瀕死的索馬利亞小孩

在斷氣之前
他只希望
能最後一次
吹脹
垂在他母親胸前
那兩個乾癟的
氣球
讓它們飛上
五彩繽紛的天空
慶祝他的生日
慶祝他的死日

　　在詩人的心目中，天堂是人類的精神故園，追尋到它，也就回到了靈魂的「家」。可以設想，當苦難經過一種刻骨銘心的記憶之後，悲慘的場面才被置於身外，從而發現景象的生動及隱含的

悲哀。讀這首詩，我們為這位死於饑餓或戰火下的小孩感到惋惜，那眼前飄過的畫面，那令人失望的救援，而他是那麼瘦小，這怎麼不令人鼻酸呢？痛惜之情轉換為同情與深切的愛的過程中，讀者的心靈也從而得到了撫慰。

　　年逾七十的非馬，仍致力於追求詩的美，仍去探尋、探掘自我生命的動力。正因他的詩特別能夠彰顯現代感的意義，故能獨樹一幟，如近作〈花市〉一詩，充滿了希冀、光明及多重意涵：

　　　　萬紫千紅中
　　　　一隻金色的蜜蜂
　　　　營營嗡嗡
　　　　對著一朵
　　　　淡得不能再淡的黃花

　　　　還沒有買主呢
　　　　這隻蜜蜂
　　　　卻已在過去
　　　　與未來
　　　　在廣闊的土地
　　　　與深似侯門的花瓶間
　　　　疲於奔命

　　　　那支微褐的
　　　　尾針
　　　　在燦白的陽光下
　　　　咄咄欲吐

　　這是一首帶有濃重的寓言色彩的詩，是詩人自我表現的一種藝術，詩在意境的提鍊，技巧的運用，都給人一種十足的現代感，也是非馬個人的獨白。詩的本身不可解釋，但我以為，凡是具有藝術創造力的詩人，幾乎都擁有一個孤寂的自我世界。詩人在這世界中，他是以自然界的事物呈現其內心的感觸：那毫不顯眼的小黃花的孤絕和脫俗使他內心激起共鳴，激起同情和憐憫；而疲於東奔西跑的蜜蜂，以很鮮活的形象呈現。詩中的外延力，原是象徵著一個不可能實現的企求，但最後仍能給人希望，給人一種光明的願景。詩人也以這隻蜜蜂的熱情，強調了對小黃花的依戀，多麼唯美的意象啊！

　　記得德國哲學家尼采曾說過：「動物之中，只有人會笑，因為人所體會的痛苦最深切。」當然，研究非馬，不同的專家有種種不同的理由；但我以為，非馬是豐富的，也是不可複製的。這些年來，他依然馬不停蹄地為肯定新生代詩人探索的同時，也善意地指出了新生代詩人創作的態度與不足，引導我們走向創作的自覺這條路。

　　重新讀著非馬的詩，彷彿中，那飛來飛去的蜜蜂，似乎不再是一道風景；當陽光穿過花叢，一隻蜜蜂在微涼的風中……我的心也變得坦蕩、自由起來。誰說，今夜只有微濛的雨，只有手指輕敲著鍵盤？

　　　　　　── 2009.5.1 作
　　　　　　── 原載臺灣《創世紀》詩雜誌 2009.09，
　　　　　　　　秋季號第 160 期
　　　　　　── 轉載西南大學　中國新詩研究所學報
　　　　　　　　《中外詩歌研究》2009.02 期

《商禽詩全集》的哲學沉思

商禽：表現生命的勇者塑像

6月27日，商禽〈1930-2010〉終於不再爲帕金森氏症所苦，安詳離開了。在臺灣詩壇上，之所以有人不斷追悼他，很大程度因緣於其作品，其中，《夢或者黎明》更被評選爲臺灣文學30經典之一。這位曾被詩評界譽爲「超現實的形式美」的詩人，終其一生試圖建構一種「把看見的現實與看不見的意識深層挖掘出來」的時代價值，從中汲取一種單純、感性與崇高的美學思維。平心而論，商禽所創造的不止是詩壇巨擘的勇者塑像，而是一門可獨立於哲學之外的詩學。他的藝術觀證明不僅存在一種感性審美的感覺範疇，而且具有哲思性質。去年5月26日，商禽最後一次公開露面於新書《商禽詩全集》發表會，我有幸收到此書，細讀後，深深地吸引著我，可以使我們瞭解商禽創作的艱辛過程，得到一種美感的新意體現。

詩骨傲然　具有強烈風格

商禽是四川珙縣人。16歲起從軍，顛沛流離，20歲隨軍來台後，38歲陸軍士官退伍。曾任碼頭工人、園丁、賣牛肉麵、編輯；

後於《時報週刊》擔任主編，62 歲以副總編輯退休。如果說商禽的詩藝代表的是控訴戰爭破壞的力量，是發自內心對人生的吶喊，晚年雖不復當年創作的盛況。然而，他的詩就像歷史上任何一位重量級大師的傑作般，已成爲詩史的一部份。他在自述中判定自己是一個「快樂想像缺乏症」的患者，他也曾說：「我的詩中沒有恨。」但在我眼底，他熱愛生命，總是追求詩的極致表現，形成一種未曾修飾過的美。而如今，商禽孤獨靈魂已然安息，在星河下，彷若是個湛藍的瞬間。

　　《商禽詩全集》，實存在著商禽的心理傾向、社會意識、生活的哲思或美學的深層表現，流露出「純粹形式」美的氣韻。比如〈風〉，乃植基於商禽對故土的觀察，是經由對土地整體記憶的喚醒中，激發情思，創作一種異於尋常的作品，深化了「超現實」派的風格：「── 這裏曾是一條洶湧的河流。／── 你是說這莽莽的荒原？── 一夜間滲失了所有的水。── 祇一夜麼？／嗯，頃刻。／突來的沉默湧起蘆花的浪……」這首詩顯現出一種迷茫、對現實的無奈、喪氣，還帶點硝煙迷漫過的痛苦的複雜表情。就在憶往那樣淒苦命運播弄下，商禽表現了中國因戰亂在艱難的境遇裏，下層人物見證生活的真實總貌。商禽也勇敢地去創造「自己的表現方式」。此書是他經歷了一長段對表現生命的追求過程的起伏與轉變。我們在當中感覺到他熱情澎湃的用筆，衝擊著我們的視覺和心靈。

　　又比如這首〈不和春天說再見〉：「怯步於／鋪滿落花的山徑／想著該和春天／道聲再見／突然又一陣山風／油桐花不斷／迎面飄來／有一朵／剛好吻著我乾澀的嘴唇／不可說」詩人以樸拙的筆觸勾勒出深刻的心性內省，是感性的而不是知性的風格，一種超越的美學論所衍生的超越的生活哲思。那多年來如浮萍一般

的飄泊，還不如在春天裏與油桐花邂逅的深深一烙印。最引人遐思的就是淺淺的「不可說」的意會，喚來了多少思念的空間。

結語：自然的苦吟者

　　商禽是個令人印象深刻的詩人，風格強烈且富感染力。從《商禽詩全集》應能概括性的呈現這位苦吟詩人的典型風格。同時，也不難看出詩人的悲喜交陳的心態，在詩人對人間寫照的詮釋裏，好像是理解了人生的苦悶，但這並不是絕望。當他忠心于創作時，詩就是他的情愛。商禽一生只創作 200 餘首詩，但幾乎每一首創作的背後都有一個深刻的故事。他經常爲斟酌字句，用身心的感情來作詩，完全沉醉於本能的感受，因而能直接觸動了讀者的心靈，每首都是不可多得的佳作。商禽專注的是，試圖以獨特的審美判斷力成爲他疏解哲思上的困境。就這一點而言，商禽美學可算是當代美學超現實性格的先聲。這也難怪詩人辛鬱爲他真情寫下〈吊商禽〉：「太久了　你深埋輪椅的弱軀／在我眼裏　像一座鐵雕生了鏽／如今噩耗傳來／我爲你脫身而去　喜竊／你去到遙遠的祖靈所在／歪頭看向八十載曲折來路／理當無悔亦無愧」這首詩頗能傳達商禽詩骨的氣度與其在坎坷的磨練中，卓然聳峙的一生，與商禽的詩一樣令人心折。最後想爲商禽作一段禱告，祈願他一路步向豐美永恆的安息！

—— 2010.7.15 作

—— 刊登台灣《創世紀》詩雜誌，
　　第 165 期，2010.12

一隻振翅的蒼鷹

—— 讀柳笛的詩〈亮劍〉

　　柳笛的詩，有一種豪邁的詩意，將自己內心隱秘的經驗、情感等轉化爲一種有深層意涵的意象；其悲憫胸懷在詩裏表達無遺，時而文如雲山高風，時而有激流濺射起來的浪沫，常能提升到人性精神面，以展現對國家、民族，甚或對鄉親間真誠的愛。讀來常有激勵震撼靈魂的感覺，也給讀者一種啓悟、具有美的異常感動的一面。

　　柳笛擅長寫爲歷史謳歌或刻劃人物的詩句，如果沒有縱情高歌的氣慨，詩人的生活就少了不羈的感懷。我們來看他的〈亮劍〉，這是首極富於激動人心的詩：

亮劍 —— 國慶大閱兵感賦

勤勞與智慧
喜悅與夢想
捧出祖國平和的臉龐

縱隊與方隊
意志與剛強
震撼著地球

那顆古老的心臟

一架架背負使命的戰鷹
張開搏擊長空的翅膀
一隊隊炮車、戰車
還有電子、導彈、核力量
更是令神州矚目
讓世界翹望

僅僅三十年的改革開放
僅僅六十年的奮發圖強

這不是在炫耀
更不是在逞強
我們僅僅是在展示

透過這小小的「冰山一角」
向世界展示
我們將如何捍衛
中華民族的尊嚴
和東方巨人未來的希望

　　　　　　　　　　　-2009.10.16.

　　詩句是那麼生氣蓬勃，情感表達又是那麼貼切且蘊藏著強大
的生命力！其主題的精神意涵，在喚起讀者心中與之同樣的情感
態度和心理品質；我們要學會遺忘中華民族過去的種種苦難或不

幸，以嶄新的心來捍衛自己的國家。

　　柳笛詠懷詩情，從不掩飾自己的感情，將審美情緒轉化為對生命體悟的探尋；且由衷地希望國人能奮起追尋世界和諧帶來的幸福與希望。詩人的意識之流自成獨特的風格，托出一顆奔騰飛揚的心，其精神則是一種人世風霜後的清澄；而傲然的詩思，一如山谷中一隻振翅高翔的蒼鷹，靜默地俯視所有人間的悲歡喜樂、物換星移。在思想的深化中，經常不經意地流露出詩人最真誠的告白和期待，透射出對生命更深刻的體驗，揶揄的語言中，帶著知性的哲理，不失為一傑作。細讀此詩，彷彿中，我也看到詩人篤定地維持著他生命本身的色彩，豪情地迎著風、迎著雨，邁向未來……

　　── 2009.10.27 作

　　── 收錄山東省蘇東坡詩書畫院院長、
　　　　《超然詩書畫》總編柳笛著 2009 年
　　　　11 月出版《燦爛的星座*詩人作家 25
　　　　家》和超然台詩社的新浪博客。

深沉思情的率真性傾訴

── 淺釋羊子喬詩三首

其人其詩

羊子喬〈1951-〉，誕生於西拉雅族的聖山─蕭壠社北頭洋部落，位於台南縣佳里鎮西北隅。臺師大碩士，國立臺灣文學館助理研究員，曾任編輯、南投縣政府簡任秘書、講師等職，著有詩集、散文集、詩文合集、評論集及編著等多種，獲第三屆「南瀛文學貢獻獎」。

羊子喬詩歌裡的率真，並不是天真；他似乎並不刻意向讀者表達什麼思想，而只是單純地在傾訴自己親身體驗與累積的一腔感情，而這正反映出他的成熟與深邃。作者描寫得最多的題材可能是鄉土景物或感事緬懷，它的深刻意旨在於對歷史回顧與西拉雅‧北頭洋部落的被迫遷徙、文化丕變的一種思考；在於詩人對土地關懷的憂愁與焦灼。其中，形象化地抒寫人生感悟，是作者創作的基本特色；多半的時候羊子喬讓讀者感受到一種真實的生活中自然激發出來的真摯的情感，且確有一些詩作堪稱為名篇。

剛直不阿　以詩言志抒懷

羊子喬爲人剛直不阿，頗具虎氣，對邪惡義憤塡膺。由於他思念故鄉與西拉雅族人的感情極爲強烈，因此故鄉的舊事在詩人的想像世界中便成爲一個審美對象、一個理想的色彩。詩稿的字裡行間湧動著的詩人對土地與祖靈的深厚、濃烈的情感。如〈府城追思錄〉，是一首言志詩，代表他對府城的深情呼喚：

> 不管到府城，或從府城出發
> 空港是相逢與話別的驛站
>
> 六月，隨著雷陣雨墜落的
> 鳳凰花瓣
> 這曾叫年少心靈滿溢想望的喲！
> 停格在七○年代的府城
> 習慣於流浪的野鴿子
> 讓人驚覺失落與嘆息
>
> 從風化中的磚塊聯想
> 遠眺穿梭不停的戎克船
> 熱蘭遮城的第一街
> 已被現代工法毀容變貌
> 如同城堡的主人一再更換
>
> 遙想台江內海

> 從潟湖沙洲、鹽埕漁塭到五期重劃區
> 從罕見人煙到燈紅酒綠
> 唯一不變的是沙卡里巴
> 小吃店的口味

　　此詩寫得深沉激越，意象清靈。據文獻考究，安平古堡，古稱熱蘭遮城（Zeelandia），建於 1624 年，是台灣最古老的要塞建築。1662 年，鄭成功攻下「熱蘭遮城」，建立了台灣歷史上第一個漢人政權。鄭氏因為懷念閩南第二故鄉泉州府晉江縣的「安平」，同時也將該城改為「安平鎮城」，這就是現今「安平古堡」這個名稱的由來。古堡建築屋宇的紅色磚瓦，黃昏時與落日相輝映…羊子喬藉由回憶在那動盪的年代裡，他的父系平埔族先民因土地被漢人所強佔，只好在屈辱與歧視中忍受著、企盼著。當羊子喬每次返鄉看到象徵西拉雅的茄苳樹時，總感覺非常親切，對曾經孕育了「鹽分地帶」的文化與留在故鄉繼續枯守祖先遺留下來的田地，他用詩人的眼光審視一切，仍在詩歌的淨土裡得到些許的溫暖與希望。

　　詩人看到了府城，遙想當年鄭成功以鹿耳門攻向荷蘭熱蘭遮城，原本的台南都還是一片汪洋，稱為台江內海。後來進入清領時期，潟湖因曾文溪改道等因素而日漸淤積。堆積作用形成台南以及沙洲，唯一留下就是七股潟湖；此湖位於台南海岸邊，是為台南市外海沙洲與海岸線中間所圍繞而成。它是養殖魚塭跟七股海域的緩衝水域，波浪與海流較外海穩定，在地人稱為「內海仔」。道路兩旁沿線則為漁港、漁村蚵架、沙灘、鹽田、防風林及海濱等多樣性的環境及景觀。

　　而五期重劃區，又稱台南新市區，位於安平區，四週皆被水（台南運河、鯤鯓湖）所環繞，形成孤島是區域的主要特色。然而，隨著台江逐漸淤積，至清領末期已成為連接老安平聚落、億載金城與台南府城的潟湖浮覆地。直到日治時期，日本人將此區域開發作為魚塭，並設有水產養殖試驗所。台灣光復後，歷經台南市政府多年重劃等公共工程建設，1997 年，由於市政府、市議會等行政中心陸續進駐，逐漸帶動五期重劃區內商圈的崛起，吸引市中心人口及科技新貴的遷入。目前已呈現不同於 1990 年代的風貌，包含運河的景觀營造、河岸的綠地規劃、住宅區的陸續興建及商家的入駐投資等。

　　此詩裡提到「戎克船」即為中國帆船，是中國獨創的帆船類型；相傳於公元前二〇〇年的漢朝即出現。羊子喬的目光始終關注著部落紀事，表達出深厚的人文情懷和批判精神。「沙卡里巴」是日語熱鬧市集的意思，也是府城康樂市場的另一個別稱，在日治時期，沙卡里巴商圈就像是城市裡的一處不夜城般繁華。如今在客棧般的樓高處，眺望當年歌舞昇平的盛景，加上手繪電影看板的裝飾，甚至連紅燈區裡都掛著昔日美麗的照片，彷彿時光倒流般，在六〇、七〇年代那時遊客們的歡樂景像。這裡，羊子喬看到了富貴與貧賤的對立，看到先民文化的沒落，與五期的興起，心中自是五味雜陳，全詩回蕩著對族親的悲憫、大關懷，回響著正義的呼聲和吶喊；能從更高層次上去審視人與環境、土地的自然關係，是首氣勢磅礡的壯歌。

　　接著這首〈寒冬〉，語言很美。是作者內在生命的流瀉，是感覺的意象化；詩人猶如在寬闊平坦上起飛鳥瞰的巨鷹般，其主體情緒滲透在詩歌意象中，使意象超越了現實的真，趨向追求精神層次的真：

該是八掌溪歡呼收冬的季節
溪水卻不知道廢耕後的心酸

群聚電線桿上的麻雀
找不到莊稼遺落的穀粒

朴子溪依舊潺潺的流
為離鄉背井的人送行

冬天了，颱風還來攪和
替沒有收成的土地呼痛

　　這是作者的傾訴心語，能寫出「心口如一、語出天然」的特色。他唱養育他的家鄉山水，唱給他關注的土地和農民工，還有他經歷過的歲月及世態炎涼，唱出他對廢耕的感悟和社會的思考。他不寫莊稼的勞累，不寫族親的卑微，而是以唱他熱愛的自然及生活，在心痛中仍洋溢著鐵骨漢子的坦蕩之聲。

　　資料顯示，八掌溪，是台南縣與嘉義縣的縣界溪；流經嘉義縣的義竹鄉、布袋鎮、鹿草鄉、水上鄉、嘉義市、中埔鄉、番路鄉；還有台南縣的北門鄉、學甲鎮、鹽水鎮、後壁鄉、白河鎮。而朴子溪位於台灣南部，主流上游名為牛稠溪，因蜿蜒流經嘉義縣民雄鄉標高 34 公尺之牛稠山而得名。其間流域有越來越多的稻田廢耕後，已出現農村失業人口大增，荒廢的田地病蟲害變多，病蟲的抗藥性也日漸增強，土地的污染也更形劇烈，使得豐富的農村文化和產業智識面臨枯萎的窘境。凡此種種，羊子喬以一個

離鄉背井的行走者的姿態走上詩壇，在功利社會的喧囂年代裡，他對村民及大地的關愛情有獨鍾，他想起小時候綠油油的稻田、星羅棋布的埤塘和潺潺水流的灌溉圳溝，均已逐漸消失於記憶的窗口，因而，在工作之餘，他坦然地跋涉於詩路上，並直面族親的坎坷和孤單。所以，多年來縱然腳步匆匆，但注定是一個孤獨者。此詩簡短而有力量，帶有崇高感及悲劇性。我們可以看到在凡俗人生中，作者仍帶有精神的光明吶喊和靈魂深處對西拉雅的痛苦呼聲，看到他堅守著愛鄉土的努力及背影。

最後我們來讀羊子喬的〈飛番墓〉，此詩自然、明朗，像他的散文一樣，不賣弄玄虛、不粉飾矯情；是首難得的敘事詩，具有美感的詩話：

　　　　傳說中的你，健步如飛
　　　　當背後的長髮捲起漫天狂沙
　　　　地平線上的日落便在你的腳下
　　　　如同夸父追日的神話

　　　　當平埔族被逐
　　　　當背後的番刀不見
　　　　你就悲壯地裹著一抹斜陽
　　　　任其星移物換，隨其改朝換代
　　　　你便默默地站成一座基碑

　　　　曾是平埔族的英雄好漢
　　　　如今只留下幾行文字
　　　　記載輝煌，寫著滄桑

　　每次讀者你的身世，斑駁的字跡成苔
　　總是讓人心酸
　　總感覺歲月會撫平一切的傷害

　　對當地北頭洋蕭壠社西拉雅族後裔，均知道程天與跑步比馬還快流傳民間的故事。羊子喬用筆於《西拉雅·北頭洋部落紀事》中記錄下族民生活和歷史中的美麗瞬間，這也是詩人自己「守住記憶的門」的一種方式。看到他為我們打開他的記憶之門，看看西拉雅族生命歷程中的風風雨雨，已成為讀者潛意識中永遠抹不去的印象。據史獻資料，乾隆時期聽聞程天與擅長跑步，因此下令程天與、程國泰兩父子至北京與馬匹競跑，程天與辮髮上串繫100多枚古銅錢，馬匹先鞭三次狂奔之後，程天與仍然從後追趕上，乾隆面露喜色，賜予面京三次的殊榮。然而，兩百多年來，過去他們父子兩人墓前原有的石像、石獅、石珠以及金杯銀枕等陪葬物，因日據時期全被日本人盜取跟破壞，儘管昔日光景已不復見，爭取設置飛番古墓文化園區的計畫也因土地取得和經費問題而停滯。羊子喬仍由衷希望此事蹟能在歷史上被彰顯，讓西拉雅蕭壠社勇猛擅長跑步、輕走的美名，不斷繼續流傳。至今程天與墓碑上仍斑駁地刻有「面君三次」，民間以「飛番」來稱程天與。

小　結

　　今年再次與羊子喬相見於府城的第二屆「榴紅詩會」上，回家細讀了剛出版的《羊子喬詩文集》，發現這樣沉靜而充滿原創力的詩是不多見的。其詩歌是對西拉雅族的圖騰及意象的藝術，也沉澱為生命中的感悟，使內斂的力獲得了釋放和超拔。我認為羊

子喬是一位有情義的詩人，他的詩也合情合理、不生硬晦澀。他以一隻蒼鷹的姿勢撲向詩，勇敢又委婉地道出心中之歌，這不能不讓我感動，在他身上我看到了西拉雅族的新希望。

—— 2011.6.18 作

—— 刊登台灣《笠》詩刊，
第 287 期，2012.02

評蔡輝振的《魯迅小說研究》

摘要：《魯迅小說研究》係蔡輝振一生力作，他從〈創作背景〉、〈作品分類〉、〈寫作技巧〉、〈思想探討〉、〈風格地位〉五範疇，探討魯迅小說的實際成就與評點，值得研究。

關鍵詞：魯迅、小說、美學思想

一、其人其書

蔡輝振〈1955-〉是個特別的人，他出生於彰化縣臨海僻鄉的小村，個性樸實剛毅；自幼窮困，堅忍苦讀，奮鬥歷程，幾多浮沉，十分令人感動。他有情而且創意十足，曾是兼具理性、感性和知性的成功企業家，但最後公司被倒債而拖垮。他毅然選擇棄商從文，再度拾起書本攻讀，42 歲畢業於香港珠海大學文學博士，目前是臺灣省雲林科技大學教授。26 至 28 歲之間，連續三年參加德國、美國及瑞士國際發明展，獲金牌獎等多項殊榮。學術專長於創意研發、文獻數位典藏科際整合、台灣文學、魯迅研究等；並成立「魯迅數位博物館」資料庫、「麗文線上教學」數位學習平台，勤於教學與專案研究。

《魯迅小說研究》是蔡輝振的博士論文，高雄復文出版；內容充實，很重視文獻資料整理的精華點。文筆自然流暢，能準確的提綱挈領，有著他自己實事求是的科學態度。他親自走訪中國

多地，也介紹了很多不同學家的評點。這些都啓發於蔡輝振他個人的智慧才華、毅力和學派的觀念及感覺上的優劣。他在第七章總結裡，歸納出魯迅具有「沉鬱、冷峻又執著偏激」的性格，以致於使他在小說作品上，所表現的便是「憂憤沉郁、幽默精煉」，呈現著他「冷雋尖刻」的藝術風格。在評論裡作者也提到，他認爲魯迅只不過是個社會病理學家，而非社會病療學家。最後，作者研究發現，魯迅及其作品確實很富感染力與煽動力，尤其對於血氣方剛的年輕人更是易受其影響的。作者引用當年名作家蘇雪林、夏志清及梁實秋等對魯迅的批判之詞後，他在建議中提出，大陸今後對魯迅研究方向的修正觀點及對魯迅小說應還以純粹的文學風貌、勿泛政治化的期許。細讀全書，俯仰之間，皆成心得。顯然地，蔡輝振的努力和才情，已經得到了豐富的收穫。

　　然而，筆者以爲，魯迅在歷史上的成就，後代越是遮掩，越是明亮，正像彎月因蒙上黑紗而倍感動人；因爲魯迅寫作的熱情曾戰勝艱辛的歲月，在中國兵荒馬亂的苦味中間，魯迅小說的出現才得以呈現無限甘甜。魯迅小說，雖非全然的科學真理，不必過度的迷戀崇拜；但它也不是純粹的偏激，可以被簡單地否定。唯從美學思想上講，魯迅小說確有值得借鏡和學習之處。因此，筆者僅就文本的內容見解，加以分析評述。

二、魯迅小說研究的實質和特點

　　魯迅〈1881-1936〉原名周樟壽，1898 年改爲周樹人，是中國重要文學家、思想家、評論家。生於清光緒七年，浙江省紹興市的一個書香門弟。祖父曾在北京任官員，父親是名秀才。12 歲時，祖父因科舉舞弊案而被革職下獄，魯迅兄弟隨即離城被安插

到大舅父家中避難；自此，家道衰落，但童年的境遇、紹興十七年的生活場景，也造就了魯迅日後完成的小說《吶喊》、《彷徨》和散文集《朝花夕拾》的思想靈泉。之後，魯迅入南京四年，20歲畢業於南京的礦路鐵路學堂，翌年赴日本七年，入仙台醫學專門學校，學習現代醫學。一年後，因觀看日俄戰爭紀錄片，深感於要救國救民，需先救思想。遂而棄醫從文，他希望用文學改造中國人的「國民劣根性」。這些在作者的第二章裡更有細膩的詳述。

尤令我注目的是，魯迅 19-20 歲之間，在南京求學階段寫下的詩歌，其中，〈別諸弟三首〉之三：「從來一別又經年，萬里長風送客船。我有一言應記取，文章得失不由天」這是首思鄉情切、寄語其弟周作人寫作上的叮嚀與期勉。而〈蓮蓬人〉是首深刻的美學詩作：「芰裳荇帶處仙鄉，風定猶聞碧玉香。鷺影不來秋瑟瑟，葦花伴宿露瀼瀼。掃除膩粉呈風骨，褪卻紅衣學淡妝。好向濂溪稱淨植，莫隨殘葉墮寒塘。」這首詩確實有自己的內在邏輯，藉蓮來呈現自己，而不失其藝術之為藝術的本質。從這個角度來看，魯迅在 20 歲時，其美學思想即涵蓋東西文化的洗禮，已能創造出很耐人尋味的詩美境界。魯迅是宋代的周敦頤〈字濂溪〉的後裔子孫，原詩的核心思想是：文學是活的，有生成變化，就如同濂溪先生的獨愛蓮之出淤泥而不染，此詩主題不同於周敦頤細膩的寫實表現，而在流露出賞蓮的自己，也有恬靜的生命力。

而魯迅 22 歲時在日本留學時寫下的另一首〈自題小像〉詩：「靈臺無計逃神矢，風雨如磐暗故園。寄意寒星荃不察，我以我血荐軒轅。」詩裡滿是張力、悲憤的動勢，其背後隱藏的訊息，明言之，是魯迅對於中國抗戰的記憶映像的綜合呈現與憂思性格的舖現。其中就有魯迅生命的動態和歷史的向度，更賦予古典美

學的特性。然而，魯迅總是能多元思想，超越羈絆，而這也是他備受尊崇，不被歷史遺忘的原因。

　　魯迅歸國後，自創作文學起，直到55歲因肺結核和肺氣腫誘發的嚴重氣胸而病世。一生的作品在未來探討魯迅研究上，有不可替代的歷史價值。蔡輝振對魯迅小說的專注、投入、鍥而不捨的收集、整理，是基於對研究主體的觀察入微與真知遠見。他認為，魯迅較擅長於現代白話文的短篇作品，尤其是以諷刺、鄉土小說爲主。他雖同意魯迅是國際名作家、文學家，更是新文學運動以來中國最偉大的文藝創作家；但就作品單篇而言，魯迅並非每篇都是傑作。但我隨著研究的深入，反芻在魯迅小說的領域裡，跳脫學派的推崇或輕蔑，留下理性嚴謹深思後的是什麼…？筆者認爲只有回歸美學思想（Esthetics thought）才能還原其傑作生命力。

　　魯迅誕生於中國內憂外患之際，對國力衰微有更直接的切膚之痛，其憤世嫉俗的激情，盡傾注於文學創作之中。他自幼喜好書畫，愛好文藝的傾向源自於其與生俱來的美學思想，既存中國古典文學形迹，又具西方美學風範，深受俄國的果戈理、波蘭的顯克微支以及日本的夏日漱石、森鷗外…等外國文學的影響。故他的小說，決然不會趨時媚俗，而是一種獨闢蹊徑、帶有很強化浪漫愛國思想的主觀相契合。他運用人對事物的美的認識能力和審美評價能力的凝聚，融入了自己的思想感情和審美偏好，從而體現了對揭開舊社會的黑暗的審美理想和抨擊舊思想的腐朽的審美氣質，自創「言簡義重」的新奇風格。魯迅的美學思想主要表現在他擅長的小說中，其特點概括起來有以下兩方面：

1.人物鮮明　寓意深刻

德國古典美學家康德（Immanuel Kant, 1724-1804）認爲，審

美判斷不是一種知識，不是一種認知活動，而是一種感覺。而魯迅小說裡的人物塑造，有通俗性及常爲悲劇性情節的內容；在很大程度上體現了他天性哲學、破除迷信的宗教理念及文藝思想體系的有機成分。如果說盧梭是法國啓蒙哲學的最主要代表之一，是法國大革命的精神導師；那麼，魯迅他便是愛國主義的崇拜者，他也同樣是中國近代文藝美學的奠基者。

比如《徬徨‧在酒樓上》介紹主角「呂緯甫」的描繪：「…細看他相貌，也還是亂蓬蓬的鬚髮；蒼白的長方臉，然而衰瘦了。精神很沉靜，或者卻是頹唐；又濃又黑的眉毛底下的眼睛也失了精采。」這段裡，開啓了中國小說用白話書寫的藝術表現；字的生命可比之於魯迅的精神；他的美學思索並不是純粹的當下，隨即揭示歷史的變動與文化的傷痕。

捷克漢學家雅羅斯拉夫‧普實克〈Prusek, Jaroslav〉曾說過，魯迅的興趣顯然不在於創造所能刺激讀者幻想的激動人心的情節，而在別處。這感觸也反映出，魯迅的小說是有目的性的自由創造活動的藝術，且不受制於傳統。他跳脫鏡花水月般的浪漫〈如《紅樓夢》〉，也不取材於幻想〈如《西遊記》或傳奇〈李娃傳〉等通俗體材；反而專以社會基層的平凡小人物爲主，用心描繪出當下生活經驗的反照，藉以喚起人們對意蘊空間的想像及對美感的社會性的重視。另外，〈頭髮的故事〉、〈示眾〉等等膾炙人口的小說，作品也具有真實度與想像的拓展，能刻劃多重人物的性格，時而溫馨與詼諧、時而帶有童稚般的熱情、時而感人熱淚；能拉進與讀者間的距離，隱約表露出魯迅的熱血與創作中最平常的快樂。

2.布局連綿　鄉土意趣

其實，魯迅是很重視小說的節奏和意趣的，在動人的意象及

融匯鄉土語言的表達上，也獨具匠心。如《吶喊‧故鄉》裡〈故鄉〉的開頭：「我冒著嚴寒，回到相隔二千餘里，別了二十餘年的故鄉。→現在」，與一般散文家散發出的激盪難平情懷有所不同，他把這種鄉土意趣當是他歸國創作心境趨於平靜後的一種反映。作品中經由布局的細膩處理，產生了一種新的建築美學風格。文字精簡，排列創新，→語言符號可以變成包含許多詮釋的模子，也可以將空間與時間延伸化，賦予該內容新鮮的聯想；它更需要讀者的聽、視、觸的多種感覺之投入參與。

如魯迅筆下寫的紹興風情中，有篇〈出關〉的主角「老子」說：「我橫豎沒有牙齒，咬不動。」或者，《故事新編》中〈理水〉的「愚人」說：「真也比螺螄殼裏道場還難」暗喻極困難。這些語言具有歷史懷舊感的鄉土氣圍，也就形成了一種少見的諧趣，應該說這是魯迅完整清晰地表達了個人創作的風格，文字間偶爾也透露出英雄式的樂觀精神。

總而言之，研究魯迅小說不同於科學，科學是一種知識或理論能力。而魯迅把審美現象中的矛盾揭露出來，儘管他最終並未能有效地解決中國人的陋習、也無力改造積弊的社會。然而，魯迅一生不但精通日、德、俄等語言、熟識中國古典詩詞外，散文、翻譯、評論等創作之影響源遠流長。尤以小說為最，常能赤誠的吶喊，既有真情，又有形象。此外，魯迅小說中的美感，雖是感情經驗，卻具有理性基礎。他在中國小說歷史上的地位多半無人質疑，但也由於有時在文字表現的批判上過於犀利，強烈呈現反封建色彩，雖未走到個人主義的極端路線，還是在死後難逃被後世轄軋的命運。

蔡輝振在此書第六章第二節裡，明確地記錄下蘇雪林在《我論魯迅》中檢討了魯迅思想中的特異性。其中有段：「魯迅心理是

病態的，性格大家公認是陰賊、刻薄、氣量偏狹、多疑善妒、復仇心堅韌強烈、領袖慾旺盛，思想陰暗空虛、憎恨哲學，可以說是個虛無哲學者，他的學力文才僅及叔本華、尼采、陀思妥耶夫斯基等人的一半。」後來又批評說魯迅是「流氓」、「土匪」等激憤之詞。

曾記得法國存在主義者沙特 Satre 的哲學觀點，他認為人生是絕對的自由，是可以完全的選擇。在選擇時，可以真誠的面對自己，也可欺騙自己。筆者以為，魯迅生前是把精神的自由當作創作的最高原則，在他眼底，雖然並不贊成尼采〈Nietzsche 1844-1900〉的充滿懷疑主義和虛無主義的翻譯哲學，但魯迅與尼采都有多災多難的人生經歷和孤獨的心靈，似存有心靈相通的一面；所以，魯迅對一生都被病痛和孤獨所折磨的天才尼采的理論是有選擇的接受的。至於魯迅的才氣是否如蘇雪林或其他批評者所說那般，則見人見智。

筆者以為，魯迅在付出自己畢生的精力後，他仍企圖透過文學將中國的苦痛與絕望反射出來，盼能重新建構一種新氣象；這就是他在小說裡所要表現的有關人性的掙扎與博鬥，怎不令人敬佩他的作法？他的小說，文如行雲流水，是中國現代語言的肯定，文字之中有一種對時代無限抗力的持續或嘲諷，或幽默或無奈心酸，也蘊含著某些喻象與力量。至於其它的翻譯文學及創作，也是為了絕大多數人的熱愛和一份孤獨的尊嚴而寫的。當然，這也並非全然無缺憾，魯迅有時憤恨的情緒，混雜了難以言說的苦味，字語間難免偏激，抑是更陷於孤獨和寂寞。然而，相信有智慧的讀者，當能體會魯迅敢於創造生存的希望，這份勇氣，畢竟是現代小說家們少有的現象。至於如果他的才氣不是如此，那歷史將被剪下這些片斷的頌揚和欽讚的。

三、結語：含蓄的批評

今年十一月初，收到蔡輝振寄來的《魯迅小說研究》時，讚美的呼聲迎接著他的這本學術著作，但同時也要指出其中的優缺：

其一、作者在研究方法上，引述分析、歸納，雖企圖統一他從前人學說中所看到的論述，卻未能完全如他所願。他只作到將魯迅小說的文獻整理分析的程度，象徵地試圖在各家批評之聲浪中，僅提出對未來研究方向的期許，並未能深入調和各家之說，或就魯迅小說的觀點，提出更創新的評論。

其二、在研究文本的態度上，蔡輝振的科學精神及務實態度是絕對無庸置疑的；我們可看出作者在求知過程時所下的苦功。他十分重視魯迅小說人物的歷史性，也逐步地探索魯迅創作的時代背景和性格形成的內在過程。他運用許許多多有關魯迅小說的寫作技巧，把故事的情節摘錄下來，在其思想的探討及藝術風格的塑造上，都表現得非常成功。

綜上而言，魯迅已經離開我們整整 74 年了，世界的潮流無止境的、又繼續向前逐流。如果要真正瞭解魯迅小說的價值性，就必須要去揭示他心理活動的奧祕。這既是剖析的根本目的，也是近幾十年來各學派對其正負面評價問題的癥結。筆者以為，除分析魯迅的潛意識、動機及人格等更深一層的內容外，其中，魯迅的美學思想遠比其意識生活更為重要。

從科學背景看，魯迅重視文學的力量是為企圖解決中國當時社會的病態現象、為改變民族的劣根性。這就反映出他是位有強度和有效率的心理系統。他的人格的形成並不是一個無衝突的徑直的過程，相反的，他因幼年家庭遭變故及外在環境的影響，確

是一個充滿矛盾憤慨與悲涼的過程，也嘗盡世間冷暖。尤其是他的奉母成婚的悲劇婚姻，更讓他感到人生的孤寂與無奈。他曾說：「愛情是我所不知道的。」然而，在他的小說裡似乎也可以找到愛和建設性的能量；而且還成為創造用白話文寫小說的重要動力。魯迅十分推崇屈原著作《離騷》中的「浪漫的愛國精神」，也很喜歡幫助年輕人於求知。在文藝的本質上，他的文學正是中國國力衰微時期對於人性的尊嚴與藝術美的頌歌。他開闢了中國最早用西式新體寫小說的新領域，用文學去說明歷史、見證歷史。他的翻譯文學也通達流暢，堅持忠實原文，又力爭文字優雅風範。

　　依照這些觀點，筆者以為魯迅的美學思想就是他創造小說的主要表徵，對他的一生命運具有決定性的意義。魯迅的童年愛好閱讀較有趣味的野史、漫畫小說；也透過聽祖母說故事，開始著意把美、藝術與故事內容聯繫起來。這就不難看出，他的美學思想性格主導了日後創作的表現。而他在詩學上，也有種突發的藝術直覺，這是非有大氣魄、大力量的人所不能的。

　　再從小說的創作角度看，少有不具情感價值的東西。在德國美學家黑格爾〈Hegel, 1770-1831〉的《美學》書中，即把藝術直覺稱為「充滿敏感的觀照。」他有句名言：「美是一種無目的快樂。」也可解釋說，心靈的愉悅才是最重要的。如果筆者對魯迅小說的上述理解合乎實際的話，那麼我認為閱讀魯迅小說，對絕大部份的人來說，仍是中國現代小說中對美學表現相當完整、最龐大也最確切的表述。它源生於魯迅感性與理性思維的完整的統一，在美學思想上，是一種最輕靈的飛躍。最後，僅以一首詩致魯迅 ── 這位掌握白話文學的優秀舵手：

〈雨后的夜晚〉

雪松寂寂
風裏我
聲音在輕喚著沉睡的星群
梧桐也悄然若思

路盡處，燈火迷茫
霧中
一個孤獨的身影
靜聽蟲鳴

雕像上的歌雀
狡黠又溫煦地環伺著
突然，一陣樂音
隨夜幕飛來…拉長了小徑

——〈觀上海魯迅公園有感〉

—— 2010.11.23 作
—— 刊登佛光大學文學院歷史
研究所中國歷史學會《史學
集刊》第 43 集，2011.12

對歷史與社會的深情與關注

—— 讀莫渝《走入春雨》

　　出生於竹南鎮的莫渝〈1948-〉善以鄉土意識將最平凡的山川文物或市井之聲既入秉直之懷,乃跌宕成奇氣之詩。他一生忠於創作與編輯,常精細入微地體察人生,唱出一曲曲心弦搏動之歌。莫渝最可觀的詩,常能表現出兩個特點,一是揭示臺灣人民生存狀態中所演變出來的困境,二是透過形象準確,獲得重新認識歷史真貌或顛覆失序中的社會和文化秩序。他的詩歌既是生命的轉化過程也是結果,其藝術技巧的闡釋往往結合主題內涵的塑造;除了直接展現出人文關懷意識以外,也間接對歷史與社會的深情賦予關注,這恐怕是其詩歌在時間的淬鍊下還能歷久不衰之因。

　　近些年來,莫渝筆耕不輟,繼續寫出了許多具有哲理又融匯著現代意識的詩作。《走入春雨》即是在詩意盎然的基礎上進行了創新與拓展,又給人以新的驚喜。且看這首〈蜘蛛〉:「一無所有／單純地接受命運磨練／／不在乎外界動蕩／僅僅天賦一技之長／／排斥強力／單獨投入世界一角／編織活下去的寂寞大夢／／高傲的龐然人類／只是蹲下來／才發現你的存在」詩人運用反諷等現代主義和後現代主義文學手法,進一步拓寬和描摹出蜘蛛的意象和作品的趣味性;暗喻不屑與世俗掩蓋的偽善、自私、圓滑等可憎的面目為伍的蜘蛛,反而逐漸暴露出已悟透的自由精神,

以擺脫被人類鄙視的命運。

　　此外，在〈輪椅與青春〉中，潛藏著詩人豐沛的感情，這些意象不但帶有外勞們悲苦特點，而且實是心靈的褶痕：「輪椅上坐著銀髮老人／年輕的外籍女子握住背後手把／／是否擺脫了窮鄉的困境／是否語言溝通順暢／／掛念的是家鄉的雙親與弟妹／需要的是同儕的歡笑／／輪椅　不是我的／我非輪椅／我的青春卻在輪椅的滾動下」，從詩中可使人感受到詩人敏銳的觀察力與捕捉瞬間藝術感悟的獨特性。

　　莫渝對人的命運和價值的關注，特別是為人民喉舌所採取的積極入世的精神，是其詩的靈魂所在。其中尤以政治詩的意蘊，是不言而喻的。如這首〈權貴〉：「燙金燙銀的權貴集團／築高牆　挖深溝／收購任何足以光鮮亮麗的顏彩／囤積城中／／色彩學者說／攪和所有顏色的結果／是一團黑」，詩裡蘊聚著一種要挑戰金權、衝破黑暗、達到自由的強大力量。

　　接著這首〈走入春雨〉：

追逐東北季風的行蹤
趕赴一場極品祭典
我們的腳泥濘在春雨的濡潤中

雨，柔細地拍拂
沾衣不濕
斜風，停靠耳根喃喃

雨，輕飄飄地拍拂
把軟綿綿的溫心

鋪蓋地面
還深情地植入土壤
發出悄聲
一定要拉牢眾人的腳

留住春雨
春雨
沉澱我們的囂嚷
溶蝕我們身上的塵埃
一起淨化家鄉

　　這是一幅詩人佇立雨中，沉思著故鄉、人們及土地三者之間的關聯，如同草根伸出春泥，渴望生存與陽光的圖畫。藝術上有一種單純美、樸實美。

　　再如〈大溪漁市〉：「午後／緊臨碼頭的岸邊狹窄市場甦醒了／空氣中凝結著刺鼻的魚腥味／／人潮湧入／吆喝聲此起彼落／剛下船的魚類蛤類／一籃一籃攤放地板／任人挑選講價／熟食的　熱氣騰騰／招呼客人／小小市街展現旺盛人氣／港內傳船隻伸腰調整姿勢／年輕的海巡人員不斷地走動／尚未出海／悠閒的心情寫在臉上」。莫渝為了表達自己真摯的情思，在詩境的創造、格律的運用上也苦心經營。此詩確實寫出了大溪漁市的鄉情，對小市民勞動的關注和自己的一顆童心，感情與意象的恰切融合。

　　最後這首〈臺灣欒樹〉，感情催動了意象的誕生，詩人將欒樹在四季的美感現象中表現自己的價值和真實：「不理會瞬息煙火的光芒／被驚歎呼叫／／我／四時長興／自體蛻化的勇氣和魅力／／由綠轉黃　再披紫衣／最後／以祝福的褐色果實／獻給大家

回到初始／／我不變／四色的我　一整年／挺立在你家門口／通告四季的美麗顏彩」，此詩把欒樹的姿影都納入自己的心靈，並用廣闊的視野把更加廣大的外部世界的真善美折射出來；詩人時時觀照自然的變化與鄉土，所以他的詩作便有一股撲面而來的清新味。

　　莫渝性溫儒沉靜，樂於與詩文爲伍，關心台灣文學，也用心建構苗栗文學。他的詩，如林間清泉，有純淨人性的質樸淳真，能顯現人在生活中的生命本像。一生都抱持著對臺灣土地深沉的愛與憧憬；默默地職守崗位，在邊緣發聲。黑格爾曾說：「美是理念的感性顯現。」其實，莫渝的抒情詩，也常流露出一種淡淡的挽歌情調，真摯感人。記得他有一首力作〈牽〉，「再遠／心，仍牽繫／／見不到的／絲／仍舊繾綣纏綿」。這是 2003 年七夕夜所作，表現力極強，不禁讓人想起愛情，回眸時會發現許多遺憾。在筆者眼中，莫渝不僅對俗世的關心，創造出深沉的樂音外；也是個寬厚又浪漫的詩人。他的詩，有某種無形的影響力；他的愛，也是純粹的。

—— 2011.12.30 作

—— 刊登台灣《文訊》雜誌，第 316 期，
　　2012.02，頁 122-123

風中銀樹碧　雨後天虹新

── 淺釋鄭愁予的詩三首

在現代詩歌藝術史中，1933 年誕生於山東濟南的鄭愁予──是個響亮的名字。童年隨父征戰南北，遷徙避難途中由母親親授古典詩詞；1949 年舉家隨國民政府赴臺。曾任教於愛荷華大學、耶魯大學、香港大學等校；2005 年返臺擔任東華大學駐校作家、榮譽教授及金門大學講座教授等職。

鄭愁予寫詩並無固定的模式，但具象中有抽象，格調清俊如風中銀樹，逸秀如雨後彩虹；總是志趣高雅，很有情韻，能傳達出詩人的人生體驗。他不重視名利、為人慷慨仁慈；喜歡漫遊山水，通過借鑒與融合古今中西的詩歌藝術，意象極為鮮活，視像美強烈。不僅廣泛而充分地吸收了藝術的精髓，在作品中常用情節化的敘述使詩意靈動起來；並把熱情、寬宏的本性中的一些心理波動、歡樂與痛苦均真誠表現。多採用歷史題材、鄉愁或浪漫的抒情手法，有著藝術上的開拓性；更深知俄國哲學家別林斯基所說的「藝術是形象思維」內容之妙。即「用生動而美麗的形象」來表現「具有繁複的多種多樣的現象的大千世界」。如作於 1956 年的〈當西風走過〉：

僅圖這樣走過的，西風 ──

僅吹熄我的蠟燭就這樣走過了
徒留一葉未讀完的書冊在手
卻使一室的黝暗，反印了窗外的幽藍。

當落桐飄如遠年的回音，恰似指間輕掩的一葉
當晚景的情愁因燭火的冥滅而凝於眼底
此刻，我是這樣油然地記取，那年少的時光
哎，那時光，愛情的走過一如西風的走過。

　　詩人筆下有一個典型的世界，在這個世界裡是無際的心靈宇宙與有限的物質空間的統一。他常在色彩中尋求自己的靈感，而充滿懸念的那種不可觸摸的感受所傳達給讀者的，是現實的一個片段、整個微觀世界，和愛情那永遠輪迴的一種神奇而縹緲的感覺。當愛遠離，詩人選擇在蒼涼中又透射出達觀，恰如西風走過……而大自然的撫慰終能凌駕於這一世界之上。讀鄭愁予的詩，你不由自主地會沉靜下來，想去捕捉那靜寂宇宙中的詩性光芒。比如詩人 20 歲寫下的〈小小的島〉，全詩妙在詩人的深情想望，意象如連環，綿延不斷；其豐富的詩味，讓讀者不知不覺地從海和天空構成的背景中走出來：

您住的小小的島我正思念
那兒屬於熱帶，屬於青青的國度
淺沙上，老是棲息著五色的魚群
小鳥跳響在枝上，如琴鍵的起落

那兒的山崖都愛凝望，披垂著長藤如髮

那兒的草地都善等待，鋪綴著野花如菓盤
那兒浴你的陽光是藍的，海風是綠的
則你的健康是鬱鬱的，愛情是徐徐的

雲的幽默與隱隱的雷笑
林叢的舞樂與冷冷的流歌
你住的那小小的島我難描繪
難繪那兒的午寐有輕輕的地震

如果，我去了，將帶著我的笛杖
那時我是牧童而你是小羊
要不，我去了，我便化做螢火蟲
以我的一生為你點盞燈

　　詩象就是心象。這裡，詩人借景抒情，翹首企盼之情，含而不露，比喻貼切；其格調寧靜淡雅，但仍然彌漫著一股濃郁的古典韻味。從詩中「小鳥跳響」、「琴鍵的起落」的段落轉折，詩人藉以使內在的情感與外界的境況，得以有機的連結、影響。其尋求的不是未經過思考的過濾的心意活動的形相，而是昇華到純潔世界裡讓讀者細細咀嚼去感出思念的奧秘。全詩運用倒裝、類疊等修辭法，間接詮釋了主題的含義：愛，是守護的勇氣。最後以螢火蟲為喻象表達出對愛的堅守，很形象地傳達出詩意。鄭愁予雖然擁有許多飄泊的記憶，但不管時光如何流變，並沒有沖淡他對大海的嚮往。詩人的心境是浪漫而自由的，也如海一樣寬闊而包容。在他 24 歲所寫的一首短詩〈下午〉，我們仍可以讀出詩人一生對愛的執著追求，意象輕靈，如天使純真的聲音：

啄木鳥不停的啄著，如過橋人的鞋聲
整個的下午，啄木鳥啄著
小山的影，已移過小河的對岸
我們也坐過整個的下午，也踱著
若是過橋的鞋聲，當已遠去
遠到夕陽的居處，啊，我們
我們將投宿，在天上，在沒有星星的那面

　　此詩一開始，感情的直抒轉化為意象的表達，橋上那些啄木鳥的聲音與鞋聲，頗具動感與靜謐中的愉悅。而「我們也坐過整個的下午」，詩人不用陳言，把感覺化為鮮活的意象。太陽光束過濾過的暖色調和最後月夜下的想像，富有生氣又有構思的神秘性。這首詩與前兩首相比，更顯得流暢自然；清新的詩境和樸真的語言，強化了兩者的親近性，也更多了些民歌的音韻。

　　對許多讀者來說，鄭愁予是個雄健秉異的詩人。早期的詩歌浪漫而鮮明，作過許多絕妙的描寫，完美的程度更是讓讀者驚訝莫名，極具超脫的想像。他所揭櫫對愛情真諦的表現與生命動感等概念，「感性」仍是他創作中最大的靈感根源。在詩藝方面也擅於表現自我，他寫詩擅長描繪大自然的細緻，始終保留著對海的美好回憶；其高度抒情風格和巨大的感染力，總在視覺上的盛宴留下深刻印象，也真正能從中挖掘出思想的寶藏。

　　—— 2011.9.8 作
　　—— 臺灣《海星》詩刊，2012 春季號，第 3 期

附錄一：〈在我深深的足跡上〉

每一想起小林村，我的心情是複雜的、沉重的。一瞬間，記憶突然碎成許多浪花……那原始而質樸的歌聲似乎在吟唱、在迴盪 —— 在那負載哀痛的土地上，和著我悵然若失的魂魄。

一、

那是我第一次到小林村，天空一早就堆積了灰白的雲層，四周植物的蓬勃氣息，湧了進來，部落孩童們純真的笑容、天使般的樂音，讓我的心底增添了幾分驚喜。

雨從天上，滴落殘荷，青柳在風中拂動 —— 那濛濛的霧氣中密密罩著遠離的溪岸，靜極；不一會兒，金陽閃爍著。沿路的紅屋頂上，一朵落單的流雲飄過天際。啊，這裏莫非是地圖的邊緣？一個總看不飽的寧靜天堂呀 —— 掠過沒影的是群起的山雀。

那年，秋的味，特別地香，廣大的世界縮小了，這沒有富麗的、素潔的屋宇，厚積著的情，樸實可愛。

居民似乎一點兒也不怕苦雨風寒，他們攜手同心，樂觀直爽。後來每年到了秋天，我腦筋裏總有一些想要實現的夢想，直聯及小林村、瑪家鄉的瀑布，霧台的豐年季和藤枝森林區的闊葉林，及留戀藍水湖的蹤跡。

半岩邊，藍色的牽牛花，粉紫的、鵝黃的波斯菊……映著滿

地的芳草、蟲唱。那靜謐的土坡上，有著無限的綠野，種滿的果樹，清翠欲滴，兩旁爛漫的楊花，交錯其中，色調互補和諧。而我擺脫了山後陰影，像綠光裏的羊，把腳步放慢……

二、

去年八月初，我禁不住又回到了綠意盎然的小道，那幽美宛若桃花源，從而使視覺獲得最大享受的藝術效應；但我覺得像天庭，格外真切些。

那時，斜陽微弱，偶昂首，野鳥高鳴，劃過平靜的湖面。綠波倒映了深谷吊橋，又將山影濃縮輕躺。下車稍歇會兒，向涼亭一坐，聽，枝上幾隻輕靈的小鳥兒，在高處歌著；近了，近了，又遠了…有如在生命的舞臺上合奏出一首交響曲。

一隻小松鼠從樹梢一躍而過，牠有一對非常敏銳的黑眼睛；我在大榕樹下抬頭瞥見，小松鼠小得很，卻沒有字可以形容牠的可愛。這山谷，雖只清清的一色 —— 但我忍不住為眼前所擁有的一切，粲然地笑了！這樣的氣境中，心得到淨化，就連思想也變得活潑澄明。

未曾預料，旅遊回來兩天，就遇到震驚全台的「八八水災」！有多少小林村孩童正徹夜哀號著？當一陣陣猛烈的暴風從高聳的天空漫天而來，那無助的災民啊，終究逃不開命運的折磨……大自然反撲的力量，震撼著，讓美麗的山河變色。

三、

此刻，我在小石山邊徘徊，層層枯葉，篩落著四季的足音；

最悲感的是，小林村空寂的況味。

　　台灣歷經去年半世紀來首見的驚駭事件，雖然，災變後，來自國際、各界對災難的關切聲援不斷，但這似乎也變成當時哀慟之餘僅存的一線曙光。使我感動的是，來自各界善心人士、單位集合了所有力量，把一個個熱熱的便當、一車車乾淨的水、一箱箱物資、醫療補給送到災民的手上；也盡力地安撫了每個災民的心。而我深信，一人一善念，由踏踏實實的奉獻，將換來受苦民眾無量的衷心感慰。

　　我極目遠望，雲棲在林外的桑麻野道，直到霧氣彌漫，將天地融於地平線，後方是近乎單色的部落，稀疏地飄起幾縷青煙。我看見這古老歷史的碎片、聚落的浮沉…一棵棵山樹依稀可辨。我踟躕地走著，在僧廬的一隅，我再度虔誠地讓生命纖維的絮語與空氣合十。

四、

　　夜裏的山谷，早晨又蘇醒了。我循著記憶的通道，似乎感覺到大自然的安慰 —— 在綠野，在金光的水鏡旁，我聽到溪流在兩三里外湧動；我望得見青煙濛濛的飄在谷中。我的足下有岡巒，由高而低，或趨或聳 —— 後方是一條彎彎的小路，慢慢兒從山嘴裏穿出，一棵棵不知名的雜樹，幽幽地庇護著我……

　　今夜，窗外滿盛了清明的月輝。那是夜蟬的歌聲，清晰又持續地輕喚著。我獨自倚在視窗，突然想起了星雲大師曾說：

　　　世界上最大的東西，
　　　是虛空的

　　在禪者眼中，生死就如回家一樣。只有遠離傷痛，心才能適意，才能繼續走向未來。不論身在何處，如果，我們自己能發一分光，也希望給別人多一分福。我漸漸體悟出來：原來，「愛」是一種光亮，像佛光一樣普照大千世界。它散發出點點滴滴溫煦的光芒！它照亮了不幸者眼前的道路，也使他們瀕於絕望之際，燃起了一線希望。原來，凝聚一顆顆的愛心，它就自然地啓開了真善美的境界。

　　夜深了，感覺的夏天在我呼喊中眯著眼，並攬住那黑潤的泥路，匆匆穿過樹林。山城之霧已緊緊收攏，對岸的蛙鳴，鼓噪四周……風也撫平傷痕了。

── 2010.7.23 作

── 刊載臺灣《人間福報》副刊，2010.07.23

附錄二：惜緣惜福

── 高應大「佛文盃」觀禮有感

十二月八日，應旭輝之邀，抵高應大，時已中午。旭輝是文化發展系教授，又是飽讀詩學的人文學院院長，專論精闢、風節皎然。

行到校園，清幽得似小山溪，似佛前的一朵蓮，靜靜地微綻在四周。眺望遠近，氣象莊嚴雅潔，學子們樸實清純，令人精神愉悅。看版中額上大大地寫「高應大文發系與佛光山南屏別院聯合主辦了 2011『佛文盃』創意文學環保情境公仔競賽」等字，在初冬陽光裡閃爍著光輝。

這是旭輝為響應星雲大師所提倡的「環保與心保」的觀念，讓學生瞭解到環保的重要性的一項創舉。多年來人類罔顧「環境倫理」，致自然生態的平衡受到嚴重威脅。大師希望我們對於內心的塵垢，當努力消除；對於外在的污染，也應身體力行做好環保。而我定神一看，一張張溫柔的笑臉，用不著再多說話，我確實被現場溫馨的氛圍震動了。

不多久，來賓席上，經交談，遠道而來的師姐及會長穿著整潔的制服，師父們也充滿慈悲，不禁恍感身在佛山。首先由副校長致詞，當他感性地說出，「佛教就是慈悲與智慧。」，博得一致鼓掌；旭輝也露出英姿氣概，欣喜地歡迎各界訪友。接著，活動

中一個讓人難忘的細節是，佛光山美術館副館長妙仲法師講道：
「實行佛法其實不難，只要心存『諸惡莫作，眾善奉行。』佛陀
希願現世是極樂世界啊。」尤其深得那觀台學子的讚賞。

　　此外，台灣女性創業研究發展協會朱淑貞理事長，極讚在翟
治平老師指導下，學生各組均發揮了創意表現，希望同學有機會
也共修一日禪。而資策會連亮森處長也誠摯地呼籲：「星雲大師說
過『一言一行，皆爲利益眾生而作』。」最後壓軸戲是由王璧寰老
師當眾揮毫，俊逸的書法立即贏得很多人圍觀，大有氣韻生動之
緻。

　　雖然才一霎工夫，一個半小時的活動已在歡樂中結束。旭輝
找了對街一家飯館，幾位評審遂入內用餐，那裡沒有任何葷菜，
卻能一盤盤很豐盛的做出披薩、義大利麵、焗烤飯出來。讓我終
於明白了，佛曾經說過，修五百年同舟，修千年共枕。回想起五
年前病危間與友人至大雄寶殿，一滴佛的眼淚恍若植入我心中，
它玲瓏剔透，光華燦然，如一粒佛珠。── 那時我遽然而覺，發
現我們的生命來自宿命的輪迴，於是，我開始學會思考，那麼，
又該如何增加生命的分量呢？我們愈要使之過得豐盈飽滿，就應
更感到要惜緣惜福，這就是我參佛中所得的寶貴啓示。

　　餐會中，旭輝說，他自幼罹患難解之謎的偏頭痛，經四處尋
醫、不得根治，近半年來，因與妻改吃全素、奉行佛事，竟不藥
而癒。聽他一說，驚訝萬分；這種情景，與我遭遇有幾分相似之
處。僅僅這一點，就使我特別欣喜感動。我相信，大師曾教誨：「發
願。向上。縱然不能完全實現，也會得到進展。」讓我從思緒紛
亂轉而沉澱成寧靜。而「環保與心保」的大課題，既在高應大這
裏開始萌芽，又在這裏生根。一股欣慰的滋味，瀰漫於校園，瀰
漫於我心。他們系上師生間感情，簡直是個家庭的濃縮體。我執

教過、也走訪許多院校，卻未曾見過如此具有願力的所在，以行動實踐得令人有點難以置信。

　　其實我們真正友誼的開始，還是今年同在臺北開會時，算起來也只有兩個多月的交誼；他比我小六七歲光景。旭輝到高應大來教書前，他總是極力馳騁於詩學的想像，我們因住得很近，後來證實了我們同是雲林縣人時，他笑了，說這相識多麼有趣！他告訴我出身於務農的家庭，童年的環境，我感著很大的興趣……他在家是個好兒子、好先生，在校是個好學生，好教師。這種簡單淡泊的人格，是需要相當的定力和持之以恆的勤勉。他總是默默站在自己的岡位上，做著自己該做的事情；也以永恆的熱情與天真，溫良與認真來從事於他的創作與教學。

　　寫到這裏，想起離開旭輝的學校之際，不知怎麼，忽然對那些學生們辛苦的作品特別懷念。這時我心中忽起一個念頭，真想告訴那些莘莘學子：就在這港都，一個草木扶疏的溫暖所在，是我實實在在，生平第一次剪彩時感受到，一個好友的開朗與敦厚。在我同他個別談話的時候，我還珍重的向他祈福。無論如何，他就是我從多位學者之中，特別的佩服讚嘆的。他的臉上時而浮著超逸的笑容—那是為善實現的微笑、謙恭的微笑、佛光人的微笑。

　　　　　── 2011.12.09 中午
　　　　　── 刊登臺灣《臺灣時報》2011.12.16，頁 18

附錄三：空濛的詩境

── 臺灣書畫大師蔡友

蔡友，1947 年生於台灣南投，日本國立筑波大學藝術研究所碩士，臺灣省「國立台灣藝術大學」書畫藝術學系所專任教授、作品獲獎無數；1980 年起迄今，分別於台灣歷史博物館、國父紀念館等公私立藝廊及日本、菲律賓等地舉行二十餘次個展，甚獲佳評。

其人其畫

蔡友他是台灣藝術界一個不可多得的畫家，也是學者；如果沒有他童年豐富的農村生活體驗，絕對無法把山水畫得那般的生動親切。他的畫，和他的為人一樣，不拘小節，畫面特別空濛純淨，給人一種禪風、寂靜的感覺，好似不食人間煙火，所聽到的，只有風聲、水聲、花落聲。他的筆觸，活潑奔放、喜歡用飽含水分的毛筆，躍然紙上潑灑，造成一種水墨淋漓的效果；他也畫了很平凡的蔬果、花卉、植物，但只用兩三筆簡單的線條，就能傳神地表現出全新的面貌，且特別有一種脫俗的禪味。

大致上，蔡友最常畫的是山水、四季風光、梯田，也到中國名山勝地四處寫生走訪。印象深刻的是，在他筆下的巨岩、古老

的青松、雲海、懸崖絕壁，都十分飄渺，透露出蒼勁挺拔的氣勢；
那縷縷雲煙騰空飛舞、蒼茫的遠方、流水潺潺……畫面是如此的
幽遠寂然，使人看了有一種虛幻天境的美感。讓我不自覺地用甜
美的聯想來解釋審美體驗；而沉入美妙的藝術世界。

畫思與大自然相通

俄國學者羅蒙諾索夫曾在他的《修辭學》書上說，「聯想是那
種和一件已有概念的事物一起能夠想像出和它有關的其它事物來
的稟賦。」而英國美學家愛德華‧布洛（Edward Bullough）則稱
「審美聯想所引起的情感與審美對象本身的情感是相『融化的』
（fused），不是隔離、孤立的。」由此看來，只有借助審美聯想
才能解釋審美體驗，而從中獲得許多審美愉悅。

我認為，在蔡友的世界裡，飛雲、巨石、蒼松、山壁、乃至
柳絲、花果、蟲鳥等等，都是生氣灌注的；在審美體驗中，一幅
藝術作品是否能感動我們，引起欣賞者的「共鳴」，這與畫作所描
繪的生活情景跟我們的生活經歷愈是貼近，就愈能打動人心。蔡
友的畫，特別重視季節、雲彩、溪流、山脈、花樹等，它們在不
同條件下變化出來的表象，以傳達自己內在的情感及心境；如畫
中標題所說的〈秋醉客雅溪〉、〈風櫃斗梅林〉、〈秋思〉、〈三芝梯
田〉等，都是透過大自然的季節的變化與自己的內在情感的溝通，
從而傳達出蔡友的心靈世界。

任何藝術的創作，就是情感生活在空間、時間或詩畫中的投
影；而繪畫是要講究「氣韻生動」的，一片自然風景，就是一種
心情。蔡友的畫，浩瀚蓬勃，有一種形而上的難以言說的美。有
趣的是，他畫出曠野景色的畫，並未有肅寂淒清之情，但清幽嫻

雅之情自見；且不難看出，蔡友天賦才能之一就是他的畫能給予
別人提供美的享受。我們一一來欣賞欣賞他的畫作，並提出我的
審美聯想：

〈秋收〉畫意：天開了，露珠笑看著天空，大地滿是溫馨與
和諧的氣氛；彷彿中，我看見公雞在跳躍，跳在牆角邊、跳在水
田間。青煙升了，一縷縷同爐香似的，那幹活的佃農，早已忘卻
露水冰凍；啊，挺身一望，眼前是金黃的稻穗，畫裡頓時洋溢著
清新又寧謐的秋氣。

〈春郊〉畫意：村外，幾株
綠樹，化為溶溶的倒影；一畦畦
水田，映出永不退縮的天邊。走
出小徑，綠蔭的春野，野花飛落，
山霧繞樹輕舞；聽得乾葉從林中
墜地嘆息，突然，一絲絲冷雨，
枯條兒動了！山腳下，奔流著溪
底激盪的波瀾，雲飛在半山。一
棵棵濕綠的樹，輕彈著鐘琴；小
溪靜謐地前來傾聽，直到曙光擦

白了葉影，晨霧似白貓的足音，我跟著亮點走，向晨光逐漸接近
—— 而又悵別在岩面輪廓與靜靄的瞑色。畫中的春郊，樹梢鮮綠
的嫩葉，競為大地裝點一番嶄新的氣象。

　　〈秋居〉畫意：在早秋泛紅的草坡上，白光下的和風，把高
地漸漸吹著。遠處，淡淡的薄霧，弄散滿山輪廓；有花瓣掉落山
居小路，雲雀驚動了樹果，這世界彷彿揚起了一陣笙歌，而笙歌
在我的四周，有無法不感到讚嘆的奇趣。畫中，屋外很遼闊，我
似乎聞到了泥土的芳香，清風徐徐地，也許浸在楓林，凝望滿枝
變色的樹叢，像空山的彩蝶，緩緩飛來；在雲氣的背後，更有幾
點歸雁，每當夕陽送別在天之一角與隔岸的傳鐘。這裡沒有「秋
風秋雨愁煞人」的悲涼，只有一股出奇的恬靜。

　　〈阿里山之城〉畫意：三月，在灰白蒼穹下，幾朵低雲，幾多煙波，金線也乍現即隱……漫步向前，只見紅櫻低垂，微風帶路的野道上，遠樹把山澗裏蒸出了香氣，使青山薄染了歡愉。畫裡，想像在煩囂的遠離之後，細啜著咖啡，在沒有風阻、沒有浪隔、安詳似的樓窗前，極盡所能地詠嘆這山城之霧；迷霧也跟著寧謐，又如此幽遠、神馳。我不由得融入遠遠無恃的思懷，那朦朧的霧氣中密密罩的，隨著午后的下午茶，時間暫時遁入了永恆。在冰涼的空氣裡，似乎也有那麼一點檜木香；而我的意識之流也開始伸展，在光陰的道上。

　　〈秋醉客雅溪〉畫意：秋天低拂著蘆花，遠山獨釣這客雅溪的

煙雲，一抹斜光滑落杯緣，白鷺鷥驚起，輕拍細波，濺濕疊翠峰
巒。這幅畫，不禁讓我坐在窗前奇想，眼前是一幅水面滿是覆蓋
返射的銀箭，遠山，輕霧橫流如白羽 —— 而我在浮光底下，在秋
的詩意中淨化了。且讓我把把煩瑣擲向水舞，把豪情揮灑蒼穹吧！

　　〈秋思〉畫意：晚秋的月跟進野道的燈影，隨階而上依舊閒
步地微吟；上臨且無聲的星子將離城隱入雲影的背後，銀霧牽著
明月推開林叢的門，漫步老年山坡；這幅畫，讓我不由自主地想
像，自已探頭旁聽涼風看守著蟲兒們的合奏；而灰林鴉的空氣像
水般在低地聚集，我來回踱步，只有在秋的寧謐中，才能自省，
才能計畫，再次累積奮進的動力，期待另一個春天的來臨。

〈花間小語〉系列畫意：畫裡，那一株瑩白的水仙，好像輕聲地說：「在綠野，在金光的水鏡旁，我聽到清溪入山三里湧動，我看得見青煙濛濛的屯在谷中，我的足下有岡巒由高而低或趨或簪。但如今，窗外的太陽異常輕柔，我只有仰望天空，支頤凝坐⋯⋯」毫無疑問，圖畫是畫在我的眼睛深處，而我已深入到畫中花裏邊了。

〈黃山寫生系列〉畫意：風吹飄然，那守在雲間的白頂如金銀般閃爍。雨，輕輕地凝住，凝住，又溜進葉心的層樓，披起煙光，被群山佇候，卻消逝於暮色。畫裡，靈魂就像在神秘的凝視黃山中，沿徑走過，再沒有一座山可以像它如此簪立著，那直瀉而下的銀瀑，清絕，靜絕，使我沉入忘我；在小樓的一方，黃山的坦蕩是山林的撼動；蒼茫中，彷彿透出了漸次低吟的清音⋯⋯

　　〈北新疆寫生〉系列畫意：正月平野，枯葉都紛紛皺起額眉；遠處幾聲犬號，擊破四周靜默。請聽，風的狂野曲調，草原都迷失在初雪中，在清曠的夜色，多少尋尋覓覓的憧憬，恍然清醒，這鴻飛如旅人的，那裡來的江南之雪喲！你或已忘記？請聽，風在舞踊；當一切都靜止下來，卻儘夠使我感到清寒，那無數的瞬間，織就成綿密的鄉愁，更向澄瀅的明月，羣山紛紛白頭……

　　〈敦煌寫生〉系列畫意：敦煌石窟的近郊在群山之中嫻靜地躺了幾千年，雖然常受風沙的襲擊，但沿路的鄉村風景，依然如詩如畫。如果可以，我想在畫中的敦煌搭一座機會的橋，讓罄與鈸迴繞著遠樹，倒映這台地上的清淨，直是靈隱深處的佛音。我

願以山的俯視和海的呼喚，踏浪飛回……

〈元陽梯田〉系列畫意：有人說，位於昆明的元陽梯田是中國境內中最大的梯田，是真正的大地雕塑，而藝術家就是那勤勞的哈尼族人民。蔡友把氣勢磅礡的梯田、一面面的山坡，在捕捉瞬間的美麗下，留下永恆的最佳註記。彷彿中，那翩翩的白鷺就要穿越元陽的落日了。俯瞰而下，只有遠山守候；在天地相接的盡頭，你聽，故鄉的小溪又唱了，誰說，萬物皆易老，更看空濛的梯田中？

〈風櫃斗梅林寫生〉系列畫意：位於南投縣信義鄉自強村的風櫃斗，滿山遍植梅樹達500公頃。每屆臘盡春回，滿山遍野都是粉白淡綠的花，似人間天堂的蘇州「香雪梅」重現於台灣。南投出身的蔡友，聽梅樹臨風輕舞的樂音，彌蓋香境，遂而畫出與山林共舞，瀟灑、遶著滿地飄零的漫天梅影，把欣賞者引進到了令人陶醉的夢幻世界。

美的極致的表現

　　記得法國哲學家狄特羅〈Diderot〉說過：「在這幅作品前，我們忘掉了自己，這才是藝術最大的魔力。」實際上，觀賞蔡友的畫，其內涵所指，全是一種美的生命體驗，也展示了他獨特的藝術追求；然而不論各界哪種見解，我個人淺見，其畫風的突出表現應可分為以下三點：

　　第一、發掘自然的美：不論是對田野的季節變化、豐收、花果、靜謐的山川、草原等方面，均有感於心，而發之於畫而已。

　　第二、禪思的畫風：從遠處望去，就能透過把握畫面整體，而看出其繪畫的「精神」。禪思是先天真性情，不可強而至，它的生成也在象外、景外。

　　第三、「胸次清遠」的格調：這是蔡友的畫的基本根源，因為，有第一等的襟懷，就有第一等的畫，這點，我認為是最為可取的。

　　　　　　　　── 2009.6.15 作
　　　　　　　　── 刊登臺灣中國文藝協會會刊《文學
　　　　　　　　　　人》季刊，2009.08，總第 19 期
　　　　　　　　── 臺灣高雄市《新文壇》季刊，第 24
　　　　　　　　　　期，2011.07 秋季刊

附錄四：為詩人雕像

—— 讀林明理《新詩的意象與內涵 — 當代詩家作品賞析》

古遠清教授

　　聽臺灣詩友說，《創世紀》總 160 期將一口氣推出林明理老師的五篇詩評，以此作為該刊重視詩壇新生力量的「證據」。這個消息於我，並不意外。首先是去年拙著《臺灣當代新詩史》出版時，林明理發表對拙作評論於《湖北作家》，其精闢的想法，讓人印象深刻；其次，將來再版時，我想增補新的內容。在這之前，應該先寫一篇評論，向讀者鄭重推薦和評介這位詩人兼評論家的特色。

　　在《創世紀》發表林明理詩評系列之前，我已陸續拜讀過部分篇章。她各種文章均以「詩賞析」名之。要是大學中文系老師去評周夢蝶的詩，多半是取《試論周夢蝶的藝術成就》或《周夢蝶在臺灣當代新詩史上的地位》之類的題目。可林明理不走這種宏大敘事路線，她無論是評周夢蝶，還是評大荒，或評辛牧，均從一首詩的細讀做起，不用藝術教條而用藝術直覺去評品他們作品的特色，其詩評具有下列特點：

　　一、所選詩人有代表性，其中有外省詩人、鍾鼎文、余光中、魯蛟等，也有本土詩人陳千武、莫渝。有現代派詩人商禽、瘂弦、

管管；也有熱愛土地詩人向陽、愚溪；國際詩人非馬、大陸詩人牛漢等等三十餘人。

二、有自己的獨立見解。林明理寫詩評，喜歡自己作獨立思考，這樣便破除了慣常人膠柱鼓瑟之見，挑戰了喜歡按傳統觀點判斷的讀者思維定勢。雖然是別人評過的作品，但林明理仍能讀出新意，如評張默的《詩的坡度》、《秋千十行》。

三、文字像一泓清泉那樣惹人喜愛。時下不少詩評文字，不是後現代就是後殖民，名詞術語一大堆，語言艱澀無味，而作者的詩評，沒有掉書袋的毛病。她對詩作的詮釋，有的像啓人心智的隨筆，有的似搖曳多姿的小品，有的則像散文詩：「閱讀洛夫的詩，彷彿站在宇宙中，這樣一個高峻且又不染塵心、永遠深密的地方；那裏，叢疊著無盡的綠草、飛雲似雪，在我深深的足跡上。儘管時間或地點都改變了，然而，詩人優美的辭采、隱忍著曠闊豪放的氣韻；縱然僅僅脫胎於一閃而過的意念，但確能成我心靈恬謐的歸宿。」

四、標題就是重點。評方明稱其詩風如「雲山高風」，說張默的詩如「溪山清遠」。還有把周夢蝶的詩比作「江行初雪」，說薛柏谷的詩如「不凋的漂木」，管管的詩如「小鳥般的樸真」，稱大荒的詩爲「鷹的精神」，既準確生動，又亮麗耀眼。其文章是啓發你閱讀和思考。如果你在她閱讀的基礎上產生不同想法，這正是她詩評的成功之處。

法學碩士出身的林明理越界寫詩評，好似一口出山泉水。自大學任教退職後，近年來一直深耕於文學，評論也一直堅持一種直覺「投射機制」的寫法。因而不注重有定論的資料彙編和前人的研究成果，而更注重文本尤其是自己作爲一位元詩人的閱讀體驗。她讓潛伏的文采在暗中閃爍，由此繞過了多烘式的學院派泥

潭，而逼近了詩史發生的歷史現場，品味出詩作的豐富內涵與藝術氣韻。閱讀林明理為詩人雕像的詩評，使我們清晰地看到了臺灣前行代詩人生命中的包容與韌勁，觸摸到了他們生命的脈搏與悠然的神態，也感受到作者向那清遠境界飛翔的喜悅之情。

　　《新詩的意象與內涵─當代詩家作品賞析》一書就這樣把我們引入詩歌藝術的長廊，細讀後，詩的深度與美感就清晰地展現在眼前了。作為喜歡他的詩評的詩友，我誠摯地期待著它的問世。

　　〈作者古遠清（1941 年-），廣東梅縣人。曾先後任香港中文大學、嶺南大學客座教授，現任武漢中南財經政法大學台港文學研究所所長。出版有《中國大陸當代文學理論批評史》、《臺灣當代文學理論批評史》、《香港當代文學批評史》等數十部著作。〉

── 刊登臺灣省「國圖」《全國新書資訊月刊》，
第 137 期，2010.05

作者林明理五年來文學作品目錄

〈2007-2012 春〉

1. 南京《南京師範大學文學院學報》，2009 年 12 月 30 日出版、總第 56 期。

2. 《安徽師範大學學報》，第 38 卷，第 2 期總第 169 期，2010.03。

3. 江蘇省《鹽城師範學院學報》，第 31 卷，總第 127 期，2011.01 期。

4. 福建省《莆田學院學報》，第 17 卷，第 6 期，總第 71 期，2010.12。 ／2012.01 期

5. 湖北省武漢市華中師範大學文學院主辦《世界文學評論》〈集刊〉／ 《外國文學研究》〈AHCI 期刊〉榮譽出品，2011 年 05 月，第一輯 〈總第 11 輯〉，頁 76-78。

6. 山東省《青島大學學院學報》，第 28 卷，第 2 期，2011 年 6 月。

7. 廣西大學文學院主辦《閱讀與寫作》，322 期 2009.07。328 期 2010.01、 2011.07。

8. 西南大學中國新詩研究所主辦《中外詩歌研究》，2009 第 2 期、2010 第 3 期。2011.第 3 期。

9. 江蘇省社會科學院主辦《世界華文文學論壇》、2009 第 4 期、2010 第 3 期、2011 第 2 期。

10. 上海市《魯迅研究月刊》，2011 夏，上海社會科學院出版社。

11. 北京中國人民大學主辦《當代文萃》，2010.04，發表詩 2 首。

12. 全國核心期刊山東省《時代文學》，2009 第 2、6、12 期共 3 期封面 推薦詩歌 19 首及詩評 7 篇。

13.山東省作協主辦《新世紀文學選刊》2009.08、11、2009 增刊，2010.01、
03、2011 增刊，發表詩歌 28 首及評論 3 篇。

14.河北省作協主辦《詩選刊》2008.9、2009.07、2010.04，發表 6 首詩
及詩評綠蒂 1 篇。

15.新疆省優秀期刊《綠風》詩刊 2009 第 3 期、2010 第 3 期，發表 10
首詩。

16.遼寧省作協主辦《詩潮》詩刊，2009.12、2010.02、2011.02 期封面底
來訪合照照片之一〈後排〉，發表詩 4 首及詩評綠蒂。

17.香港《圓桌詩刊》，第 26 期，2009.09，發表詩評餘光中 1 篇，詩 2
首。2011.10 詩評 1 篇，第 33 期，詩 2 首。

18.香港《香港文學》，2010.03，發表 9 首詩、畫 1 幅。

19.安徽省文聯主辦《安徽文學》，2010.02，發表詩 2 首。

20.天津市作家協會主辦《天津文學》2009.12、2011.01，發表詩 14 首。

21.北京《老年作家》，2009 年第 4 期、2009.12、2011.01 封面推薦、2011.02
期發表書評.、2011.03 期書評。

22.大連市《網絡作品》、2010.第 3 期，發表詩歌 4 首。

23.湖北省作協主辦《湖北作家》2009、秋季號，總第 32 期，發表書評
古遠清教授 1 篇。

24.中共巫山縣委宣傳部主辦《巫山》大型雙月刊，2010.02、2010.04，
發表詩 2 首及畫作 2 幅。

25.山東省蘇東坡詩書畫院主辦《超然詩書畫》，總第 1、第 9 期，發表詩
畫，《超然》詩刊，總第 12 期 2009.12、13 期 2010.06、15 期 2011.06，
發表詩 17 首。2011.12《超然詩書畫》總第 3 期刊登書畫及評論林莽 1 篇。

26.美國《poems of the world》季刊，2010-2011 秋季，發表譯詩 9 首。

27.中國《黃河詩報》，總第 5 期，發表詩 3 首。

28.山東省《魯西詩人》，2009.05，發表詩 4 首。

29.福州《台港文學選刊》，2008.09 發表詩 5 首，2009 發表詩歌。

30.美國《亞特蘭大新聞》，2010.02-2011.07 發表 8 篇評論及詩 1 首。

31.美國《新大陸》雙月詩刊，任名譽編委，2009 起第 110 期迄 128 期發表詩 36 首。詩評 2 篇。

32.《中國微型詩萃》第二卷，香港天馬出版，2008.11，及《中國微型詩》25 首。

33.臺灣省《國家圖書館館訊》特載，2009.11 發表書評 1 篇。

34.臺灣省「國圖」刊物，《全國新書資訊月刊》2010.03 起至 2011.03，第 135、136、137、138、140、142、143、144、146、147、148、149、150、151、152、153、155、156、158 期，發表詩評及書評共 18 篇。

35.臺灣《創世紀》詩雜誌，160-169 期〈至 2012 春季，發表詩 14 首，及詩評 14 篇。

36.臺灣《文訊》雜誌，2010.1、03、7、12、2011.08、2012.02〈發表評論 6 篇〉。

37.臺灣《笠》詩刊，2008 起，第 263-287 期〈至 2012.02 止詩發表 44 首及詩評 10 篇〉。

38.臺灣 中國文藝協會《文學人》季刊，2010-2011，發表詩 7 首及評論 2 篇。

39.臺灣《文學臺灣》，第 72-78 期〈至 2011 秋季〉，發表詩 8 首。

40.臺灣《新原人》，2010 夏季號，發表詩 2 首。

41.臺灣 佛光大學文學院中國歷史學會《史學集刊》，第 42 集 2010.10，發表書評〈概觀吳鈞《魯迅翻譯文學研究》有感〉。

42.臺北市保安宮主辦，《大道季刊》2011.01，發表古蹟旅游論述。

43.臺灣《乾坤》詩刊，2010-2012.春季，第 50-61 期，發表詩 33 首及詩評 9 篇。

44.臺灣《秋水》詩刊，2008-2012.01 止，發表詩 21 首及詩評 3 篇，第

137-151 期。

45. 臺灣《人間福報》副刊，詩 2008-2012.01 止，刊登詩 56 首、散文小品等 34 篇。

46. 臺灣高雄市《新文壇》季刊，至 2012 年春季，發表詩 23 首及詩畫評論 8 篇。

47. 臺灣 《海星》創刊號，至 2011.12 春季第 3 期止發表詩 10 首，詩評 2 篇。

48. 山東省作協主辦《新世紀文學選刊》，2009 年擔任刊物的封面水彩畫家一年，獲其主辦文學筆會「詩歌一等獎」證書。2009.08 至 2010.03 共發表詩 28 首，詩評 3 篇。

49. 遼寧省作協《中國詩人》2011.05 卷刊登林明理評白長鴻詩評 1 文。

50. 中國重慶市《世界詩人》季刊（混語版）總第 64 期，2011.冬季號，詩評 1 篇。

51. 2011.10.14 應邀臺灣省國立高雄應用科技大學文學院丁旭輝院長邀請至校任新詩組三位評審〈與黃耀寬主編、林秀蓉博士〉之一。評文收編爲校內編書。

52. 臺灣《新地文學》季刊，第 18 期，2011.12，刊登詩 2 首。

53. 中國河南省《商丘師範學院學報》2012 年.第 1 期，刊登書評一篇。

54. 2011.12.08 應邀於臺灣高應大人文學院丁旭輝院長至校擔任「佛文杯」評審，撰寫一文，刊登臺灣省《臺灣時報》2011.12.16，頁 18。

55. 臺灣真理大學臺灣文學資料館發行《臺灣文學評論》2011 年 10 月，第 11 卷第 4 期刊登一書評。2012 年 03 月，第 12 卷第 1 期刊登 2 篇書評。

56. 臺灣佛光大學文學院中國歷史學會《史學集刊》，第 43 集，2011.12，發表書評蔡輝振。

57. 臺灣《鹽分地帶文學》雙月刊，第 37 期，2011.12.31，刊登詩一首。

後 記

　　感謝海內外各刊物主編張默、辛牧、封德屏、莫渝、戴嘉玲、郭楓、林煥彰、莫云、楊濤、彭瑞金、林佛兒、李若鶯、黃耀寬、涂靜怡、陶然、潘琼來、季宇、秀實、秀珊、曲近、郁蔥、張映勤、Dr.Elma.、李牧翰、李浩、羅繼仁、白長鴻、陳銘華、許月芳、周慧珠、劉大勇、謝明洲、柳笛，及南京師範大學吳錦教授、青島大學田軍教授、甫田學院彭文宇教授、華中師範大學鄒建軍教授、安徽師範大學王世華教授、鹽城師院陳義海教授、郭錫健教授、商丘學院高建立教授、重慶師範大學黃中模教授、吳思敬教授、傅天虹教授、王柯教授、莊偉傑教授、黃中模教授等各學報教授的支持。此外，也感謝臺灣省「國家圖書館」前館長顧敏教授、現任「國圖」館長曾淑賢博士、佛光大學范純武教授、蔡秉衡教授、成功大學陳昌明教授、高應大丁旭輝院長、林秀蓉博士、台文館館長李瑞騰教授、副館長張忠進老師、萬卷樓出版陳滿銘教授們等師友的鼓勵。特別向吳英美主編、曾堃賢主任、認真善良的鄭雅云編校致上最深的謝意；也感謝鍾鼎文老師、蕭蕭老師、非馬博士、辛鬱、魯蛟、文協綠蒂理事長、方明、鄭烱明、曾貴海、郭楓、許達然、丁文智、廖俊穆、鄭烱明、曾貴海、黃騰輝、陳坤崙、藍雲、周伯乃、吳德亮、周玉山博士、楊允達、蔡登山、許其正、喬林、鄭琇月醫師、沈明福醫師、如常法師、

妙仲法師等詩友的愛護。最後僅向我所敬仰的文史哲出版社發行
人彭正雄先生及編輯彭雅雲爲本書所付出的辛勞致意，讓筆者有
不斷成長的機會於這片文壇沃土。

　　　　　　　　　　　　　2012 年 3 月　林明理於左營